수서행 기차를 타고

김용갑 시집

시와사람

ⓒ 김용갑, 2024
이 책의 저작권은 저자에게 있습니다.
저작권에 의해 보호를 받는 저작물이므로
출판사와 저자의 허락 없이 무단 전재와 복제를 금합니다.

수서행 기차를 타고

■ 시인의 말

뭔가 쓰지 않고는 견뎌 낼 수 없는 시간들이 지나가고 있습니다. 조금은 부끄럽다는 자책도 해봅니다.

많이 허둥거리고 애를 태운 것 같아서 살아온 세월이 서럽기도 했습니다. 자칫하면 모두 놓칠 것만 같았던 시간에 진정서 있는 언어를 만났고 하늘의 문을 두드렸습니다. 그래서 찾아낸 길이 시인의 길입니다.

이날까지 영산강의 젖먹이로 살아왔습니다. 그런 의미에서 영산강은 나에게 어머니의 강이고 사랑의 강이고 나를 찾아가는 구원의 강이기도 합니다.

어머니의 품안에 안기듯 영산강에 안겨서 두 번째 시집을 세상에 내놓습니다. 아직은 많이 부족하다는 것을 느낍니다. 그러나 영산강을 세상에 자랑하듯 내 자신을 세상에 내보입니다.

어제도 오늘도 내 주위에는 나를 사랑하는 많은 분들이 영산강 물길처럼 멀리까지 흐르고 있습니다. 모두가 감사해야할 분들이어서 기도하는 마음으로 부족한 시집으로 안부를 묻습니다. 한편의 시를 쓰듯 하루하루를 주변 분들과 감사한 마음으로 살아가겠습니다.

　　　　　　　내 생의 발원지 영산강에서 김용갑 삼가 씀

수서행 기차를 타고 / 차례

시인의 말 · 6

제1부 북촌北村길 걸으며

16 떠나가는 열차를 바라보며
18 불회사의 가을
20 풍경이 되는 철새처럼
22 아내라는 당신
23 생은 봄비였다
24 가을 경주에서
26 북촌北村길 걸으며
28 백두산 연가
30 개밥바라기
32 성북동 연가
33 거미집
34 안동 가는 길
35 길을 달리다
36 수서행 기차를 타고
38 홍어 축제장
39 팝콘을 먹다
40 선창가 거닐며

제2부 금목서 여인

버스 안에서 42
금목서 여인 43
늙어가는 길 44
슬픔의 바다에 45
영산포역 46
울돌목을 지나며 48
나주정미소 49
나의 시에게 50
일출과 낮달 사이 52
이발을 하면서 54
노을 앞에서 55
녹우당을 가다 56
구월이 간다 57
서성문에 서서 58
눈물에 대하여 59
담쟁이 60
임진강 연가 61
능소화 62

제3부 雪江에다 길을

64　들판에서
66　시낭송
67　백일홍
68　우수길
69　화이트 크리스마스
70　태풍에 대하여
71　雪江에다 길을
72　부겐빌리아 부활
74　토끼등 가고 싶다
76　다시 시작하며
77　단풍과 낙엽 사이
78　구름 이야기
79　군산의 문효치 시인
80　대흥사 천불전
81　갑진년을 맞으며
82　튀김집 아줌마
83　어떤 귀로歸路
84　양파에게

제4부 왼쪽 굽이 더 닳은 이유

작달비에게　86
지나간 것은 그립다　87
가을 태풍　88
아파트　89
가을 소나타　90
영산강은 노랗게 피었다　92
왼쪽 굽이 더 닳은 이유　93
비움에 대하여　94
봉숭아 피던 날　95
11월　96
길을 가다가　97
장미는 피는데　98
사랑이란 마법　99
멀구슬나무　100
모든 삶은 길을 낸다　101
직박구리에게 길을 묻는다　102
천둥번개 치는데　104
눈물이 나는 사이　106

제5부　창랑정 가는 길

110　겨울 영산강
112　사랑이여
114　냉산 집
115　사랑하고 싶은가
116　절망에서
117　살아야 하니까
118　천문산天門山 올라서
120　개양귀비꽃
121　창랑정 가는 길
122　흙을 밟으며
124　어느 겨울이야기
126　노을의 노래
128　날아간 오후
130　옛 선창에서
132　보길도를 뒤로하고
133　홍어연가
134　운명
136　회오리바람에게

작품론
137　생의 발원지 영산강에서 삶을 성찰하는 시 / 허형만

수서행 기차를 타고

제1부

북촌北村길 걸으며

떠나가는 열차를 바라보며

추운 날 즐겨 끼던 가죽장갑 한쪽을
기차에 두고 내렸다
오래전 첫 월급을 탄 아들이 사준 것인데
사라져버린 기차를 바라보며 황망했다
역사驛舍를 나가면 찬바람에 손 시려운
이런 일이 어찌 한두 번이겠는가

늘 소중한 것을 잃어버리고
나는 손이 시려
온몸으로 겨울 바람을 맞으며
허허벌판을 걸어가곤 했다

시련 앞에서 더 단련된다고 하지만
두 손 따스하게 잡아주지 못한 그 사람을
기차에 두고 혼자 내린 일을
두고두고 후회하고 있다
어둠 속으로 사라지는 열차를 바라보며
다시는 잊지 않고 함께 하리라 하는 다짐도
건망증 앞에서는 속수무책이어서
나는 허벅지를 꼬집으며 두 눈을 부릅뜨지만

사랑하는 사람들을 곁에 잡아두지 못해
늘 가슴 아파했다

건망증은 어떠한 약으로도 다스릴 수 없다
때로는 나를 열차에 놓고 내려온 적도 있다
그러므로 나는 지금 나를 잃어버리고
허우대만 남았다
나의 건망증의 또다른 이름은
사랑이다
그런 까닭에 짐승처럼 울부짖는 것이다.

불회사의 가을

말[言]속에 절[寺]이 있는 곳으로
출가한 나는 가을을 타는지
속인과 비자 숲길을 걸었다
오랜만에 정연 주지스님께
차 한 잔 대접 받고 묵힌 때 씻는
법언 한 줄 듣기 위해 소란함을 뒤로 한 것이지
대웅전은 새 단청을 하여
석가모니불 낮잠 주무시는데
숙면 줄 수 있겠다는 스침과
정갈한 불사는 세사世事에 때묻은
나 같은 중생도 친해지리 싶다
그러나 정연 주지스님은 떠나고
젊은 새 주지 철인 스님을 뵙고서
엽차 한 잔으로 합장하였다
나는 속세의 고원 한 편 절 속에 사는 것만 같은데
스님들은 왔다 갔다 하는 것인지
어느 절로 갔는지 정연 스님이 그립다
절간의 오후는 그림자 길게 내리는데
철인 주지스님의 목탁소리 진중하기만 하고
나는 부처님께 삼배 올리며

나의 절에 심안거 들었다.

＊나주시 다도면 마산리에 있는 절

풍경이 되는 철새처럼

눈 쌓인 영산강 다리를
건너는 일은
지나온 세상사 쌓여 있는 듯
팍팍하고 버겁다

어쩌면 허망하게 가버린
삶의 역사가 고적하게 해도
눈보라가 회한같이 짓눌러도
다 버려야 하는 시간

유구한 영산강에다 풍덩 던지고 가자
꿈, 사랑, 그리움, 서러움,
미움까지도 모두
무엇이 아쉽고 서운할 것이 있으랴

흔적 없이 이대로
저 강물처럼 그렇게 흘러가자
그래서 다시 한 풍경이 되기 위해
찾아온 저 철새처럼
장구한 세월의 강에 물결 같은

시를 쓰고 사랑을 하고 노래 부르자

그러다가
강물 위로 솟구쳐 천천히 날갯짓하며
없는 듯 날아가는 것이다.

아내라는 당신

내가 웃는 것을 최고로
바라는 아내라는 당신

때로는 해결사가 되기도 하고
주는 것이 행복하다는
집안을 지키는 수호자

어느 날 파란한 삶에
어쩌다 아프기라도 하면
내 일상은 다 무료해지고 마비가 되어
소란한 시간만 난무하지

고맙고 사랑스러운
언제나 내 편이 되는 한결같은 당신

오늘도 마술 부리는 것만 같은
사랑의 상자에서
가족을 위해 무언가를 담는다.

생은 봄비였다

봄비 내리니 영산강 강변길
동백이나 개나리 유채꽃이
시린 지난날 돌아가게 한다

어찌지 못한 삶의 벼랑길에
걸어야만 했던 무수한 날들이
굳은살이 되기까지
도시락 싸들고 무등산을
묵언 수행하는 스님처럼 올랐었지
희희낙락하는 세상에서
언제 다 타버릴 줄 모르는
가느다란 촛불 안은 채
절망의 세월을 보냈는데

사반세기 긴 터널 지나
이제 버리고 지나고 싶은 시간
사랑도 꿈도 종심의 길
기화이초 피는 봄이 왔지만
생은 봄비 되어 곡절로 날린다.

가을 경주에서

화려한 단풍이 꽃피듯
古都 경주는 절정의 추색을
건너고 있다

낙엽 수북이 쌓인 숲 속으로 가
요란한 바스락거림에서
지나 온 생들이 건너오고
신라의 왕을 만나러 온
우쭐한 백제의 사신이 되었다

천년이 넘는 고도는 가는 곳마다
역사가 살아 발자국 밑에서도
꿈틀대고 있다던가

수학여행 왔던 까까머리 어린 청춘은
까마득한데
다시 불국사 대웅전, 다보탑, 석가탑
거룩하게 다가와 감격하니
시간은 거침없었구나

단풍 숲 고적한 천년 고찰도
아픈 역사를 쓸어안는
핏빛 단풍처럼 지났으려나

피지 못하고 떠난 꽃다운 세월호도
노란나비 되어 날리우는
서럽고 아픈 상심이 불타고 있다.

북촌北村길 걸으며

항용 서울에 오면 빌딩 숲과
소란함에 바쁘기만 했다
오늘은 느릿느릿 게으르게
북촌 제동길 언덕 오르며
좁다란 길에 오밀조밀한 가게들
엽서 속 풍경 같은 골목길 돌아가며
아담하고 예스러운 한옥들이 고혹적이어서
환호하듯이 추색은 저려온다
구한말 고택 담벼락에 핀 주홍빛 능소화가
농염한 여인만 같아서 돌아서기 싫다
그 꽃 같이 순진한 한 사내의 풋풋한 짝사랑이
오롯하게 떠오르고
낯익은 김영사 출판사 간판도
전망 좋은 맹현의 찻집에서 본 낯익은
장안의 풍경이 정겹다
삼각산, 인왕산, 북악산
저 산들 탓에 역경의 시대를 견디고
지나왔으려니 애석타
질곡의 역사를 지나며 근대화
한 초석을 놓았던 선각자들의

집터마저 사라진 북촌길
통한의 마음이 아리다
육백 년을 보낸 장엄한 백송의
범접하기 힘든 위용 앞에서
여전히 초라한 식민지, 쌈박질만 해대는
망국의 시대에 다시 서 있는 것 같아 서러운데
능소화 핀 북촌 하늘은 가깝다.

백두산 연가

백두산 북파 천지는 운무에 잠겨
장군봉 아래 격동된 마음들 가득하여라
고구려의 역사 살아 숨 쉬는 요동반도를 횡단하는
끝없이 펼쳐지는 대평원의 서사
선인들이 꿈의 나래를 펴고 웅비한 땅인데
강냉이 밭으로 뒤덮인 땅이 아쉬워 한스러웠어라
장엄하게 서있는 광개토대왕비
대왕의 조국은 둘로 나뉘어 비탄에 오열할지어라
천지에서 장백폭포로 비루강으로
우리 국기 태극모양 비루수는
무심하게 흐르고 있어라
졸본성 주몽왕, 환인의 오녀산성이
천혜요새 같은 산에 웅비하듯 하고
하늘아래 첫 동네 이도백하에서
아쉬운 민족의 역사 빼앗긴 땅 그리는
안타까움이 밤을 밝게 하여라
남의 땅을 딛어야만 올라가는 통탄함,
백두산 서파 가는 길 수많은 자작나무와
천년을 산다는 주목나무 숲을 지나
산비탈에 누워있듯 서 있는 나무들이

수천 년 거센 찬바람에 휘어지고 고꾸라져
어찌 우리 불확실한 조국의 미래처럼
흔들거리는 것만 같은가 싶었는데
그러나 다 부질없는 기우,
백두산에 오르니 천지도 하늘도 맞닿아있었으니
조국은 진정 위대하고 담대하여
통쾌하여라.

개밥바라기

초저녁 영산강 둔치에서
맨발걷기 운동하다가
유난히 빛나는 저 별이
무슨 별 인지 언제나 저기에서
바라보고만 있다고
아내가 뜬금없이 물었다

할머니 손 잡혀 캄캄한 밤에
제사 따라가던 길
등 뒤에서 비쳐주던 저 별이
여름날 온 식구들이 마당에 앉아
수박을 먹던 더운 밤도 머리 위에서
반짝반짝 빛나고 있었다

할아버지 떠나가시던 날
영산강 다리 건너
가족에게 전하러 가던 흐느끼던 밤도
처연하게 저 별은 떠있었지

샛별같이 빛나던 한 시절 지나고

우주의 괘도를 이탈한 유성처럼
서러워서
아내도 그 별이름 잊었나 보다

성북동 연가

윤동주도 올랐던 북악산에서
서울의 풍경이 여울진다
인왕산 깎아 자른 듯 바위산이
범할 수 없는 지고한 정신의 포상 같은데
길상사에 격정의 한 시대를 풍미했던
자야와 백석의 애틋한 시가
가을 단풍으로 현현하여 뜨겁다
끊어질지언정 꺾인 삶 살지 않았던
심우장 주인의 소는 지금쯤 어디메를 가는가
이태준의 기영세가 수연산방은
그의 문장처럼 정취 그윽한데
윤동주의 서정을 안겨준 인왕산, 북악산
도성 길에 서시가 하늘을 우러러 바람에 스치운다
격랑의 시대를 살아온 시인들의 생은
뜨겁게 서글펐고 차갑게 고달팠으리라
성북동에 내리는 작달비가 발걸음을 총총거리게 하는
만추의 한양도성 길이
게을러진 나의 영혼을 추스르게 한다.

거미집

거미가 집을 짓는다
그네 타듯이
흔들흔들 집을 짓고 있다

길가 한적한 풀잎사이에
먹이가 빠져나가지 못하게
촘촘하게 집을 짓는다

집이 다 되었으려나
기다림의 시간
석양은 어둠 빛으로 물들어가는데
제 손으로 집을 짓는 거미가 부럽다

불현듯,
흘러간 시간은 빈 거미줄 같은
허상의 무지개

어느 곳에다
또 거미줄을 칠 수 있을까
거미의 길들여진 기다림이 애닯다.

안동 가는 길

늙은 버스가 허둥거린다
만추의 나락들은 거두라 재촉한다
퇴계의 도산서원도
하회마을 유성룡의 병산서원도
새삼 새겨지고 수량이 꽉 찬
낙동강의 정취가 정겹다
산의 나무와 풀들도
계절을 재촉하는지 움츠린 사람처럼
허허롭고 썰렁하다
계절이 오는지 가는지 모르게
삶도 오는지 가는지 모르게 흘러
한 생 시린 듯
떠나는 채비하는 것이랴
안동의 살가운 가을
고적한 사색이 흔들흔들 달리고 있다.

길을 달리다

영산강 둔치에서 손주와
달리기 시합을 한다
여섯 살 아이를 따를 수가 없다
한참동안 서서
언제 삶이 무거워진 것인가
평생 길을 달려왔는데
턱턱 숨이 목구멍을 막는다
버거워진 것들을 비우라는
몸의 신호일지도 모른다
그 동안 흐트러짐을 모르고
휘두르고 살았기 때문이다
히말라야 서부 설산, 타그랑 고개
티베트 로파족의 오래된 말처럼
생이란
태어남은 죽음을 뒤쫓고
죽음은 태어남을 쫓아가는 거라는데
어느 필연의 언덕에 서서
나도 그 고요를 맞는 길인지

수서행 기차를 타고

기차를 탔다
쉼 없이 지나온 회한의 세월은
바람 자락이었고
삶은 차창 밖 들판처럼 달린다

열정으로 다독이며 보낸 生
조심스럽기만 하였으리
기차는 너무 빨랐고
창밖의 풍경은 사정없이 뒤로 넘어진다

모내기를 끝낸 초록의 들판이 무덥다
말없이 가는 것들이 두려워지는
나의 기차는 어디만큼 가고 있는지
절감되는 생의 촉수가 무섭다

심중의 고적함은 천둥치듯하고
정해진 궤적처럼 치닫는 삶이지만
어쩌다 간이역에 불시착할지라도
결코,
통절하거나 서러워하지 않기로 했다

레일 위 나는 듯 절박함은 크고
자꾸만 뒤돌아 가려는데
기차는 별이 쏟아지는 한 컷의 이야기도
시 같은 서러운 곡절도 나른다.

홍어 축제장

비 내리는 선창에서
어느 무명가수의 노래가
하구가 막힌 영산강을 울린다

각설이는 한껏 폼 잡고
사는 것이 뭔지
쥐어지지 않는 돈을 위해
타령 구슬프게 읊는다

아르헨티나 칠레 흑산도
세계의 홍어가 진을 치는
천막에서 채비가 다 되었는데
하필 비는 세차게 내리고

비에 젖은 선창이 빠르게
파장으로 가는 지친 오후

축제 때마다 비 온다고
홍어집 아줌마 볼이
홍어처럼 붉게 상기되었다.

팝콘을 먹다

아내와 함께
젊은 것들이 하는 시늉으로
침침한 극장에 앉아 팝콘을 먹는다
그러는 사이 극장 화면이 암전된다
팝콘은 어둠 속에서 더 잘 튀는 법
한 손으로 아내의 손을 잡는다
또 한 손으로 팝콘을 집는다
극장 안은 일제히 서로의 손을 잡고
뜨겁게 키스를 한다
화면이 밝아지자 팝콘 씹는 것을 멈추고
정숙하게 영화 스토리에 몰두한다
그러나 스토리는 영화가 보여주는 것이 아니어서
팝콘처럼 달콤한 스토리를 이어간다
아내와 나의 이상한 짓은 어색하지만
어느새 청춘시절처럼 서로에게 젖어가며
불판 위에서 막 튀는 팝콘이 되어
한 사십 년 전의 청년이 된다
마침내 꼰대가 죽는다
영화가 끝나고 극장을 나오며
아내와 나는 쑥스러웠지만
마치 스무 살이 된 듯 하였다.

선창가 거닐며

뱃고동 길게 울리면 홍어, 갈치, 조깃배가
만국기 펄럭이며 앙암바위 끼고 영산포항에 들어왔다
검정 고무신 신고 책가방 허리춤에 매달고 뛰던
영산강 다리는 똑같은데 사는 사람들 달라 아쉽다
어릴 적 놀던 친구들 진즉 먹고살기 위해 떠나갔고
정겹던 식솔들 이승을 떠나 그나마 남아있던
사람들도 흩어져 어디에선가 힘든 시간을 보내는 소식
간혹 들리면 괜히 서러워지기도 하는
산다는 것이, 다 그만그만하는 거지만
좋은 날은 짧아서 그저 주어진 시간에 고마워하기로 한다
막혀버린 강같이 막혀버린 영산포, 이곳에 살기 위해
찾았던 땅을 다시 살아남기 위해 삶의 터전을 떠나가는데
부질없는 한 생을 꿈꾸었던 것들은 한낱 허상 같은
지나 보니 대단한 것도 아닌 일에
한 세상 부대끼며 사는 것인지
왁자지껄한 선창은 향수 같은 역사, 남아있는 이들에게는
까마득한 꿈길만 같은 이 땅에서 어떤 가느다란 생을 위해 산다
여전히 강바람은 부는데.

제2부

금목서 여인

버스 안에서

어느 한적한 버스 승강장
구순이 다 된 할머니가
유모차와 함께
버스를 타려고 서 있다

버스가 도착하자
사십이 갓 넘었을 처자가
벌떡 일어나더니 차에서 내려
할머니의 유모차 안고
차 안으로 들여 놓는다

버스 요금을 친 할머니인 양
카드를 단말기에
흔연스럽게 긋는다

모른 척 지나쳐도 죄가 안 되지만
삶이란, 연민이거나 사랑이거나
그런 뜨거움으로 사는 것을
초로의 내게 말해주는 듯했다.

금목서 여인

야릇한 향기로 피어나는
황금빛 여인
보고 있어도 앉아 있어도
함께 걸으며 말을 해도
청초한 여인에게서
매혹의 마향 풍겨났다
손끝을 잡아도 키스를 해도
그 향기 사라지지 않아
나는 대책없이 함몰되어 갔다
그러다가 그 향기 날아간 것처럼
일순 어디론가 사라져 버렸는가
추수가 끝난 빈 들판을
후줄근한 들개처럼 걷고 있었다
놀라 번쩍 눈을 뜨니,
갑자기 금성산 금안동에 나타난
여인
분냄새였던가 라일락 향기였던가
바람결 여인의 속살 향기에
무너지던 그 날.

늙어가는 길

160번 버스를 탔다가
건강한 노익장을 만나거나
지하철역 엘리베이터 앞에서도
연세가 어떻게 되세요, 묻는다
고운 모습이 보기 좋아서
선친 늙어가시던 모습 생각난다고 하면
구십이오, 한다
저리 산다면 내게도 몇 년 남았겠구나
위로받는다
호롱불 켜들고 어느 바람에 꺼질지 몰라
품안 안고 가는 어른들 보면
건강한 미래가 염려되고
저리 강건한 분같이 늙어갔으면
하는 깊은 바람 같은
선친의 구순 길을 따라가고 싶다는
내면 같은 것인지도 모른다
어쩔 수 없는, 알 수 없는 그 길
가늘게 붙잡고 지나는 길.

슬픔의 바다에

저 꽃들 피어나는 사월은 잔인한지
꽃 같은 우리 아이 노도 바다 어디쯤에
아련한 너의 웃음
함초롬히 서 있다

오늘밤 꿈에라도 네 모습 보았으면
어이해 내 새끼는 시뻘건 바다 되어
새파란 유랑 길속을
헤매도는 것인가

험한 세상 만나 피지도 날지도 못해
천국을 오가는 길 노랑나비 되었는지
애타게 호명한 너 인 듯
국화 든 손 앉는다

영산포역

기차 끊어진 것 어제만 같은데
사라진 기적소리처럼 꿈도 잃었다
역은 녹슨 레일만 남아 공허하고
영산강다리 마주 보던 역사
대합실은 완행열차 타고 떠나던
누님과 형들의 눈물이 스미어있고
서울 가는 호송열차 길게 정차해
시끌벅적하기만 했다
기차화물칸에 쌀가마니 가득해서
배부르기만 했고 삼학소주공장 가던
고구마 말랭이에서 술냄새가 났다

봄날 아지랑이피던 철길 따라
집으로 가던 길은 푸르기만 했다
고향은 어느 바람에 휘둘리고
떠나지 못한 사람들은
영산강가에서 한세상 견뎌내고 있었다
다시多時 자지고개 넘는 힘겨운 기적소리 울리면
수저 내던지듯 통학 열차로 뛰었던 새벽도
싱그럽게 앉아있고

꿈속에서 역은 언제나 소란한데
풍선 같았던 삶은 버거운 세상살이 탓인지
어느 바람에 날렸을까
아릿한 시간을 호명하는 나는
그때처럼 폐선 철로 위를 걷는다.

울돌목을 지나며

적막한 진도대교 건넌다
울돌목의 사내가 어둠 속에서
노량露梁의 쾌거처럼 하지 그랬느냐
하는 것만 같다
네비만을 의지해 어둠을 가르는데
저리 깊은 칠흑 속에서도
울돌목 사내는 오가는 이 지키며
삶을 선전하라 호령하는가
버겁던 지난 세상을 지나
꽉 찬 시 한 꼭지 쓰겠다는
전의 불타는 시인의 침묵은 길고
환한 진도 현수교 뒤편
장검 찬 그의 실루엣 단호하다
달빛 젖은 가을밤 종횡무진 가르는데
시인의 한 생이 흔들거린다
울돌목 숭어같이
펄쩍 뛰고 육질 쫄깃한 시 쓸 수 없는지
나라를 구했던 그 사내가 또 묻는다.

나주정미소

일제 강점기를 지나
격동의 시대를
나주인과 함께한 정미소
한 많은 역사의 설움과
민초의 애환이 가득 숨을 쉬고

널다란 나주平野 탓에
신문물 견인했던 나주정미소는
나주 情味笑 되어 나주만의
정, 맛, 웃음 문화 꽃 피게 한다

이제 곳간 쌀 독 차듯
목사골 다양한 목 문화를
채워 꽃피우는 나주 되었느니

수탈의 역사 지나
어언 한 세기
나주 시대 반추하는
바야흐로 나주정미소가
나주문화 雄飛하려 하지 아니한가.

나의 시에게

광막한 지구의 한 모퉁이에서
살아가는 삶과 많은 것들이
시만 같은 날들
다른 생각 가득했던 시간을 지나
시를 쓰고 싶다고
불현듯 유혹처럼 빠져들어
허튼 삶을 만단정회萬端精懷 긋고
시에 빠져든 것이지
끝없이 침묵의 강은 흘러가고
잠을 자다 문득 시어 하나
글의 흐름에 잠을 놓치기도,
그러다가 비로소 갓 돌 지난
손자의 걸음 같은 시에
설레어지기도 하고
자위의 기쁨 가질 수 있었다
산다는 것이 지나면 다 서러움 덩어리 같아서
진즉 깨우쳤다면
좌절하지도 절망하지도 안했을 것이라는
지난 운명의 편린들도 시가 되고
회한 없는 삶의 정리도 되지

그렇게 시에 빠진 뒤안길
오지 않는 시에 고독했고
시 안에서 황홀해진 순간들
그러다 내면 깊게 부딪치며
풍덩거리는지도 모르지
나의 분신 같은 시에
감사하며 자꾸만 가는 생에
미안해하지 말자고 다짐했다
내일은 또 어느 구름과 바람이 위로 해 줄 테니
한없이 부족한 나의 시를 위하여.

일출과 낮달 사이

서쪽 하늘에
하현달 가녀리게 떠있다

떠오르는 해와 달 사이는
얼마나 될까

얼마나 많은 세상들과
인생들이 지나가고
사랑하고 아파하고 있을까

무수한 생의 희망과 절망
교차하고 잉태되고 있을 것인가
보이는 것과 보이지 않는 것들
저 광막함 사이에 서서

붉게 떠오르는 불멸의 빛을
그대로 바라볼 수가 없었으니
좌절하고 고뇌한
내 삶과 생의 이야기들

굽이친 회한의 역사가
부끄러워서 미안해서
화석이 되어 서있고 싶었다.

이발을 하면서

머리카락 자르는 날은
지나간 세상사가 호명된다

무성했던 장발에 푸르기만 했던 꿈들
무모한 나날들
민주화를 위해 분기탱천한 젊음도
어제 일처럼 점철되어 있건만

수많은 꿈들이
머리 위에서 잉태되고 사라져 갔을까
머리카락은 빠져가고
지난 시절이 공허한 것만 같아서

거울 앞에 앉아 있는 중늙은이가
누구인가 바라보며
또다시 오는 봄날이 서럽기만 하리

에라, 소용돌이만 같았던 시간들
하염없이 비어가는 머리카락 탓이겠는가.

노을 앞에서

저녁 하늘은 처연하게도
뜨거운 사랑 그리고 있는가

지구에서의 수많은 일들과 모든 삶을
광활한 우주는 오묘하게
채색하는 것인가

장엄한 노을 앞에서
그저 부끄럽고 미안해서
차마, 그대로 바라볼 수 없어
돌아설 수밖에 없느니

어찌할 수 없는
생의 꼭짓점을 향한 귀로
노을은 화려하기만 한데
나의 생은 허기진다.

녹우당에서

시인은 생을 이야기 한다
때론 처절하기만 하는 삶에
눈물을 맺힌다
지친 생의 부각들을 노래하는
시인의 말씀이 절규처럼 들린다
백련제에서 다른 삶들이 건너온
긴 고독의 시간이 함께 흐르고
한 줄 시를 쓰기 위하여
사막을 걷는 낙타가 되기도 하고
가을 장천을 날아가는 기러기가 되어
길을 내는가
생의 처절함들
시를 쓰지 않고 견디지 못하는 것에서
기막힌 것들이 녹우당을 적시고
고산이 지켜보는 백련제 앞에
탁발하는 스님처럼
시인들이 줄을 섰다.

구월이 간다

들판은 말없이 고개 숙이고
가을은 혼자인 것같이 온다

차가워지는 체온은
묵은 옷장을 다시 헤집어
다가오는 시간에 맞추고
마른 나뭇잎은
또 다른 날을 채비하려 날린다

빨라지는 사람들의
어수선한 발걸음들로
조급하게 남은 달력이 팔랑거린다

뒤돌아 가지도 못하고
되돌아갈 수도 없는
어찌할 수 없는 길 위에서

구월은 정녕 아쉬움을 남긴다.

서성문*에 서서

금성산 둘레길 돌아
서문 주막의 막걸리 한 사발에
더위를 잊는다
언제나 서성문 앞에 서면
상투 자르란 단발령에
신체발부 수지부모 身體髮膚 收支父母
목놓아 외쳤던 나주 유림들 생각난다
의연한 결기 숙연해지고
나무 한 짐 팔기 위해
지게에 지고 오두재 넘던
힘겨운 긴 한숨을 쉬게 맞아주던 서성문,
애잔한 大門이었고
분기탱천의 문이었고
民草의 살아남기 위한
곡절의 사연이 흐르는 문이었다
정도전도 정약용도 피어났던 길목
나주의 역사가
피어난 큰 門이다.

*서성문: 나주시 4대문의 하나

눈물에 대하여

그대 봇물이 터지듯
눈물 흘려 본 적 있는가

불모의 사막 같은 지구에서
떨구지도 못하고 맺지도 못하는
켜켜이 맺힌 세상
어이할 수 없는 통절함을

아버지와 이별에서도
흐르지 못했던 삶의 이야기
또다시 꽃은 피어나건만
진정 사랑을 잊지 못한 이 차가움

가슴을 때리는 격정
봄이 휘청거리고 있다.

담쟁이

살아가는 일이란
앞만 보고 가는 것이었지

세찬 바람이
가냘픈 잎과 줄기를 내리쳐도
뒤돌아보지 않았다

주저 않고 싶어도
오르는 일만 생각했다
그러는 동안 연약한 줄기는 굵어지고
파릇한 잎 무성하기도

널따란 잎새 펼치지는 못했어도
차가운 대지를 버티고
생명의 바다를 향해 꿋꿋이 지켜낸
生이라 하자

오늘도 고독하기만 한
홀로 거친 길을 오르느라
몸부림 치고 있는 것이다.

임진강 연가

강물은 빠르게 흘러가고
민통선은 깊은 적막이 감돈다

강 건너면 개성인데
송악산은 우뚝 솟아
북녘의 山野 잡힐 듯 하건만

예성강이 임진강 한강을 만나
서해로 흘러, 더 가고 싶어도
끊긴 길 위에서
돌아서야 하는 통한의 걸음들

만나지 못한 사연 둥둥 떠가는,
철책 부숴 북으로 남으로
오가는 이야기는 언제나 될지

하나 된 바람이 날리는 임진강가에서
물결만 서럽게 뒤척이는.

능소화 앞에서

고택 담장 오르는 능소화
돌아서는 발길 아쉽다

여인의 야릇한 향기처럼
농염한 사랑 주는
그대 꿈결 같기만 해

절절하게 피어나는 극치미인지
가슴에 피어 그리운 이 보고파 이는
심연의 파문

한 꽃 진자리 또 한 꽃 피어나
마음과 마음에서
젖는 사랑이여

사랑은 끝없는 줄기로 이어지고
연정은 애틋하게 켜켜이 쌓이는데

사랑을 위해 피어나는 저 황홀함에
마냥 무너지는 심사여.

제3부

雪江에다 길을

들판에서

어린 시절 모 심는 날엔
핑계를 대고 도망가기 일쑤였다
넓은 논에 언제 모를 다 심을까
해는 막 떠오르는데
오늘 하루 허리가 휘어지겠다
무거운 모판을 옮기며
논둑에서 미끄러지고 발이 빠져 끙끙댔다
모를 심는 일은 목숨을 심는 일이라고 말씀하는
어른들의 이야기가 귀에 들어오지 않았다
푸른 모가 바람에 바르르 떠는 한여름날
들판에 서면 어린 나이에도
무엇인가가 충만했다
이제 초로의 세월을 경작하는 나는
그동안 심고 가꾼 들판을 바라보며
그 충만함과 회한을 함께 맞는다
때로는 병충해에 시달리는 모를 쓰다듬으며
질척거리는 들판과 같은 나의 생을 경작하며
논에 물을 대느라 물꼬를 틀고
잡초를 뽑고 새를 쫓아온 세월이
들판 한구석 멸구 먹어 마음 쓰라리기도 하지만

왠지 모를 풍요로움으로
내가 지은 농사가 배부르다.

시낭송

날아가듯 낭랑한 시낭송을 하다가
갑자기 한 대목에서 걸렸다

집중을 놓쳐버린 순간
넋이 나가고 백치가 되어버렸다

세상 휘젓을 듯 살다
순간에 나락으로 빠지는 황당함처럼

홀리듯 시를 쓰고 시를 읊는 일은
아편 같은 시처럼 꽃피는 세상

그 시가 춤을 춘다
어릿광대가 줄 위에서 줄을 타듯

하얀 구름덩이 밀려오는데.

백일홍

화려한 生
옹골지게 피어난 극미의 꽃
배고픈 조상들이
기다리던 꽃

초등학교 2학년쯤이었을까
고향 집 마루에 앉아
앞산을 물들인 배롱나무에서
선혈이 낭자한 꽃을 보았다

꽃이 세 번 피면
쌀밥 먹게 해 주신다던
할아버지의 말씀이 그립다

백일,
여름 무더위는 인고하는 꽃
생의 뒤편을 비추는 꽃
행복과 인연을 생각게 하는
그대의 사랑도 저 꽃 같아라.

우수길

지통地痛이 요동치는 봄
차가운 북풍은 훈풍 되어
봄비를 몰고 온다

동토를 깨우는 시간
감나무 가지에 촉촉한 빗물이
물관을 적시고

산길에 차이던 질경이
흠뻑 젖어
번들번들하다

학교 앞 목련, 수선화도
하얀꽃 노란 꽃 피우려고
달리는 雨水의 길

한 살을 보탠 처절함을
위무해 주려는 듯
우주는 봄을 담금질한다.

화이트 크리스마스

눈 내리는 크리스마스는
언제나 설레인다
이브의 밤은
조부모님, 아버지, 삼촌이 생각나서
눈이 내린다
까까머리 동무와 놀던 어린 날도
첫사랑과 들판을 거닐던
수줍던 날도 눈이 내렸다
쏜살같이 불혹이 지나가는 길목에서
유혹에 흔들거리던 날도 눈이 내렸다
약속을 지키지 않은 생은
순간에 사라지고 눈만 내렸다
귀가 얇아서 생각지 못한
큰 폭설을 만나 서러웠던 이순 길에도
눈이 내렸다
종심 언덕을 가파르게 오르는 나날
선물처럼 내게 내린 눈들이
아이들과 함께 맞을 수 있도록
크리스마스 은총처럼 눈이 내린다.

태풍에 대하여

벼가 쓰러진 들판은
우크라이나 전쟁의 상흔처럼 깊다

할퀴고 간 태풍은 바람과 비의 폭격처럼
거칠게 들판을 몰아쳤다
드러누운 벼들이 팔레스타인 죽은 병사처럼
애잔하게 다가온다

어린모가 잘 자랄까 염려했던 날도 지나
땅심을 받아 쑥쑥 자라다가
이삭이 피고 고개를 숙이는 간극

농사가 가장 잘 된 그 지점에
세상사라는 것이
꼭 그 대목에서 매섭게 불었다.

雪江에다 길을

함박꽃처럼 쌓이는 눈은 푹푹 거리는데
차가운 발이 자꾸만 눈밭으로 가려고만 한다
설레듯 찾아온 하얀 강가에
지나온 날 같은 나의 강은
묵묵히 눈을 받아먹는 것만 같고
골짜기에 가득 눈 쌓인 고향
강냉이 산에서
토끼몰이 했던 고향의 아릿함이 저기 있는데
풋풋한 향기 찾아
흙먼지 이는 길 걷던 꿈 많은 청춘도
낯선 곳에서 눈에 취했던 그 진한 밤도 어제만 같은데
다시는 그때로 돌아갈 수 없으니
폭설은 내리고 지난 시간들은
눈 속의 비목처럼
아련하게 하는 허탈함,
나의 강가에서 사랑하고 싶다고
저 雪江에 또 길을 낸다.

부겐빌리아 부활

세상사 변화무상하고 예측불허 하지만
가끔 기적 같은 설렘을 준다
生의 갈림길에 대해 생각하게 하고
고독해지며 아무도 모르는 세계를 향해
흔들리듯 가는 시간
우리 집 가게 한 편에 놓여 봄부터 가을까지
오가는 사람들 사랑 듬뿍 날리던
붉은 열정의 꽃 부겐베리아!
지난겨울 혹한 북풍바람에 얼어
봄이 다 지나도록 새순도 나지 않아
말라가나 서운했다
아내는 버리기 아쉬웠는지
집 밖 담벼락에 놔두고 계란껍데기
화분에 주고 쌀뜨물을 받아 주기도 하며
지극정성 다한 뒤
화분을 정리해야 겠다 하던 오월 하순, 아침
살아났다고 환호를 한다
여린 새순 터지고 있어,
다 버려둔 나무라서 격동되어 보고 또 보느니
생명이란 죽어도 혼은 최후의 보루까지 사는지

저 꽃나무 다시 살아났는데
인간은 왜 고적하고 연약하기만 한지
육신이 노후 되면 흔적 없이 사라지는
한낱 슬픈 존재
꼭짓점을 향한 우리 부부에게 부겐빌리아가
삶은 살만하다고 전언한다.

토끼등 가고 싶다

매미 우는 소리 그리운 토끼등
그 숲에 가고 싶다

폭우로 습도와 무더움에
허둥거리는 나날

숲은 오라하고 거친 숨 내쉬며
깊은 산길을 걷고 싶은 날 선
폭염의 한낮

타잔처럼 오르던 날 어제만 같았어라
이 더위 잘 보내는 것도
한 해를 잘 건너서
한 생 잘 지나는 것을

무등산 토끼등 가고 싶다
나뭇잎 파릇파릇 초록 향기로
치유되는 저 山 속의 매미 숲으로

토끼가 펄쩍펄쩍 뛰노는 길에서

내면의 공허함 위로받기 위해
숲으로 가고 싶다.

다시 시작하며

절망의 설원에 서있습니다
지나온 시간들은
너무 많이 날아갔습니다
아픔도 치러내야 했습니다
이제 홀가분하게
눈밭을 걸을 수 있습니다
지나간 것은 지나간 것으로
놔두는 시간입니다
눈발이 강물에 떠내려가듯
나를 사랑하고 고마워하는
너를 관용하고 이해하는
희망의 설원에 다시 서있습니다
무척 고맙기만 한 生
다 사랑스럽기만 합니다
웃는 듯 함박눈이 내립니다
저리 강물에 내리는 눈은
어디로 떠내려가는 건지.

단풍과 낙엽 사이

감나무 잎은 바삭거리고
노란 감은 먹음직하다

금성산 단풍나무 숲을 지나
옷을 바꿔 입는 갈참나무
상수리나무 자작나무에게도 눈길 준다

이제 임무를 다한 삶같이
바람 길에 거침없이 날리고
파르라니 떠는 잔가지

숲은 잠언 같기만 하고
은은하게 물드는 잎새에서
윤회의 헐벗은 생도 떤다

가을은 단풍으로 오고
낙엽으로 떠나가는
저 산 모퉁이 지나는 길.

구름 이야기

비 갠 뒤 흰구름 떠가는
창공이 맑고 싱그럽다

며칠째 끝없이 쏟아지더니
한가히 떠도는 하얀 구름이 낯설다

지상의 슬픔과 상처는
치유되지 않는 통석함으로
남는 자의 몫이런가

몸을 비운 너는
다시 채우고 비우는 윤회의 시간
둥둥 허공을 배회하는 것인가

비가 내리는 것도
한세상 지나는 것도
모두 저 구름의 이야기이지.

군산의 문효치 시인

물이 빠져나간 군산항을 바다 보면
일제 수탈의 역사가 떠오른다
식민지 침탈의 폭풍에
살아남아야 했던 사람들
용케도 그 처절한 바다를 건넜으리
그가 시를 쓸 수밖에 없었던 서사
격동의 파도를 헤쳐 온
만석꾼 지주의 손자로 시 속에 파묻혀 살아가는
소란한 생이 탁류처럼 흘러왔을까
혹한의 시대를 살아냈던 아픔들
내 고향 영산포와 같은
수탈의 역사가 중첩되어 아리다
영산포에 구로즈미 가옥이 있듯
군산엔 히로쓰 가옥이 있고
현관의 오래된 은목서 은은한 향기 내뿜는데
해일같이 밀려 왔던 서러운 파도는
새롭게 도도한 물결로 승화되어 다시 피어나는지
군산의 겨울은 더 차갑다.

대흥사 천불전

두륜산 휘감아 놓았는가
땅 끝 산사에 오니 세상 환해졌다
장마와 더위에 지친 생의 이야기
수많은 이승의 인연 길에서

버리면 편한데 어느 스님 법언 한 줄
적막한 고요 깃든 법당 스치고
천불전 석가모니불에 칠배 올리며
가족의 무탈한 삶을 희원하고
나는 누구인지 물었다
너는 너라는 환청이
태풍 불 듯 달려들었다

세상살이가 천불탑 같기만 한 것인지
대흥사 부처는 왜 마음을 죽이는가
나의 어리석음을 질책하는 것 같다.

갑진년을 맞으며

세월에 바퀴가 있다면
얼마나 굵고 깊은 굴곡들
새겨져 있을까

겨울 북풍처럼
삶은 차갑기도 했을 것이기에
지금은 다 비우고 가야 하는 시간

푸른 용에 올라타
생이여, 더욱 푸르러져라
세상이 청룡 같았으면 좋겠다는
주역의 큰 가르침이겠지만

산다는 것은 대단한 것도
부족한 것도 아니지 않는가

해와 달 지나듯
주어진 일상 따라가다보면
어느새 삶은 우듬지에 앉아있느니
다 떨구고 기쁘게 살아야 하리.

튀김집 아줌마

무슨 난리가 난 것인지
튀김집 아주머니
초점 없는 동공 헤집는다

종일 개미새끼도 오지 않고
차가운 바람만 들락날락하는
커브길 좁은 점포

오늘을 그냥 보내 버리고
어제도 그렇게 지나간 빈자리
내일은 나아지지 않겠느냐는
막연한 기대로 길손 기다리는데

부릎 튼 손 부여잡는
좌판 위의 썰렁함이
묵언 수행자처럼 고요가 깃들면
그녀의 하루가 또 멍하니
휑한 거리에 쓸쓸함 떨군다.

어떤 귀로歸路

영산강 가로지르는 고압선에
철새 떼가 앉아있다
자는지 쉬는지 긴 침묵의 시간
영산강 동섬으로 가는 산책길에
새는 어떤 미동도 어떤 소리도 없이
북쪽 향해있는 듯한데
날아온 시간 힘들었는지
뒤따른 일행 기다리는지
다녀온 반 시간 넘도록
붙박이로 앉아 있다
춘절을 맞아 고향 가는 중국인 모습
애틋하게 그려지기도 하는
대식구와 함께 가는 여정
즐겁고도 지난한 삶을 지나
지금은 귀로의 시간
주어진 생의 역사 찬란하지 않아도
나름 한세상 살아가는
우리 삶과 어찌 똑같기만 한지.

양파에게

야리한 빨간 치마 천천히 벗겨낸다
손가락 아리도록 까고 까던 백옥 피부
눈물은
슬플 때만
맺히는 건 아니었다

언제나 윤기나듯 빛나는 미소 짓고
매운 눈물 꾹 참고 내 앞에 선 널 본다
매섭게
코끝 찡하게 눈물 나도 좋은데

둥근 방 속 너를 찾아 창문을 열어본다
한세상 너의 곁을 오늘도 떠나지 못해
한사코 칭칭 감은 사랑이여

제4부

왼쪽 굽이 더 닳은 이유

작달비에게

뜨거운 작달비가
오는 가을을 뒤흔드는 것은
삶을 재촉하는 길이라서
그런 것인지 모른다
남실바람에 나뭇잎이 날리는
노란 들판이 주는 넉넉함
비 내리는 소리에 생의 시간
거침없이 가는 것 같아 서글프다
요란한 빗소리처럼 살아온
만만한 삶이 아니었기에
어느 시인은 내일은 좋은 날 올 거라고
믿어보자 하는데
삶은 아쉽고 서러운 것이리니
무슨 할 말이 남아 감상에 젖는가
이 비 그치면 조락의 시간
우리는 떨어지는 지난 삶,
그 너머를 생각하리니.

지나간 것은 그립다

소꿉동무의 어린 손
고향 뒷산의 늙은 소나무
할머니의 땀 내음
개울가에 잡았던
노랗던 대짜 장어

조부모님, 아버지
사랑하는 사람들, 옛 친구들

만날 수 없는 것들은 모두 그립다.

가을 태풍

불지 마라 해신제를 지낼까
도시의 거리에 드러누운 노숙자의
처절함은 어쩔까
폐지 주워 하루를 사는
할머니는 어떻게 보낼까
처참히 짓밟힌 농부의
깊은 한숨은 어찌 할까
노숙자에게도 거리에서도
들판에서도 서럽다
무지한 바람은 뼛속으로 스미어 오고
폭풍 전야의 고요를 뚫는
빗방울소리가 생가슴 파고든다
포효하기 직전의 맹수 앞에서
벌벌 떠는 것처럼.

아파트

콘크리트 벽속에는
수많은 세상이 숨을 쉰다

희로애락이 교차되고
생의 물결 굽이쳐서
어떤 깊은 이야기가 투사되어 있다

내일을 기대하지 못한 절망에
절단 난 날을 정리하는 처절한 삶도
가느다란 생명의 끈을 잡는
등 굽은 노인들의 고단함도

주어진 것은 공평하지 않기에
옷을 걸치지 않아도 되는 부류와
생의 무게 견디지 못해
떠나는 삶의 넋도
콘크리트 안을 떠돈다

있는 자와 없는 자의 높이에 따라
살아가는 무대가 다른
콘크리트의 욕망이 자꾸만 높아진다.

가을 소나타

추수가 끝난 빈 들판
충만과 허탈이 교차하는 것처럼
허전한 마음일수록 생은 더욱 깊어지느니

붉게 피고 지는
산천도 서러운 것인지
지나온 길을 뒤돌아보게 한다

바람에게 물어 보기도 하고
구름을 쳐다보다
숨이 헉 멈추기도 하던가

깊은 바다에
추락하는 것만 같은 절박함도
그리움처럼 저려진다

삶은 하롱하롱 지나왔고
혼자만 같은 쓸쓸함이
누군가 사랑하고만 싶은 계절

그대를 열망하는 간절함으로
무너지는 가을
삶을 비장하게 한다.

영산강은 노랗게 피었다

영산강가 유채꽃
흐드러지게 피었다
강은 그대로인데
꽃은 화사하고
강물은 흐르지 못해도
많이도 환호하게 한다
그래, 강은 노랗게 피어
향기로운 풍경이 되었다
누가 씨뿌리지 않아도
해마다 봄의 강가에 피어나
오가는 사람들에게
노랗게 웃어 보이느니
꽃도 우주의 질서에
순응하는 것 같아
스스로 핀 것이
참으로 고맙다.

왼쪽굽이 더 닳은 이유

눈 내린 벌판 영산강가 걷는데
왼발이 자꾸만 빠지는 듯하다
왼쪽 굽이 유난히 닳은 등산화 탓인지
불혹과 중년을 나는 듯 지나
공허의 중심 길에 서있어서인지
왼쪽굽이 기울 줄 몰랐다
죽음 앞에 섰을 때도
좌측으로 장기가 꼬여 놀랬던
생의 황당한 곡절도 그랬었지
자꾸만 뒤틀린 것들에서
힘이 잔뜩 들었던 난해한 세상이
좌측만 더 닳게 했는지
그 합당한 이유를 모르겠다
지나온 삶이 강물에 풍덩 빠진
이유를 모르는데
흔들렸던 삶 탓이리.

비움에 대하여

어제가 통째로 비워지는 시간

노란 황금의 줄기가 등골부터 내리는
비움의 방식은 언제나 똑같지 않기에
어제의 삶이 보이기도 하고

가끔은 아무리 기다려도
소식을 감아내지 못해
몹시 불편해지기도 했던 것인데
채움에 대한 회한은 이렇게 생겼다

비우는 일은 절대적이라
헛된 집착들도 비우지 못한 탐욕이어서
세월이 지날수록 비우는 일은
경건한 수행 같기만 하다

하늘을 나는 하루가 되길 기도하는 아침
내 사랑의 빈집을 건네는
잘 익은 슬픔 하나
어린 새처럼 손바닥에 올린다.

봉숭아 피던 날

할머니는
장독대 옆에 빨간 봉숭아 꽃잎 찧어
손톱을 물들여 주시곤 했다

봉숭아 붙인 손톱 묶고
떨어질세라 조마조마했던 맘이
그립기만 하다

봉숭아꽃에는
애달픈 사랑도 보고픈 그리움도
이별의 서러움도 피었을까
그래서 빨갛게 피어났을까

손톱에 봉숭아 물들여지면 이루어진다는 사랑도
떠나간 사랑도,
빨간 봉숭아꽃 피면
할머니 그리운 손 생각나는데

11월

혼자이고 싶어지면
영산강 저류지 갈대밭을 찾는다
갈대는 쉼 없이 흔들리고
노을같이 깊게 침몰하는 떨어짐의 시간을
헤어 나올 수 없는 것에서
저 끈질긴 움직임이 좋다
흔들리는 갈대가 이해가 되고
삶은 더욱 깊어만 가는 것
지금은 소소히 가길 바라는 시간
조금은 쓸쓸하지 않기를
조석으로 차가움은 이른 겨울인데
나는 지금 어디 쯤 가는 길이어서
잘 건너고 있는 것인지
갈대 같은 생이었다면
더 나았을 것이라고
지나는 북풍에게 말을 건넨다.

길을 가다가

어느 환한 봄날
낯선 여인의 궁둥이가
꼭 낀 흰 바지 속에서
파도처럼 철석철석 댄다

근육질 발걸음이
누군가 유혹하려는 듯
실룩거리기도 하고
초가집같이 덩실하게 솟아
웅장하기도 하는

왔다 갔다 하는 저 야릇함에
한 생명 폭발하려는 듯 황홀하게 해
서러워 죽겠네

깊고 성스러운 곳으로 향하는
절절한 매혹이
이 봄날 거침없이 출렁거리고 있다.

장미는 피는데

환장하리만큼 서러웠던
그 날
붉은 장미꽃 피었지

프로레타리아 혁명 같은
전사가 되고자 했던 것은
분명 아니었다

민주주의도 모르고
정의도 모르지만
속수무책으로 무도한 폭력을
보고만 있을 수 없었다

쫓기던 골목길 담장에
문득 피어있던 붉은 장미꽃이
오래 지워지지 않았다

아직도 비릿한 냄새는
지워지지 않아
미완의 시대가 서럽다.

사랑이란 마법

세상을 소유하는 것처럼
짜릿하고 황홀하다

순간의 멈춰진 일상에 슬그머니
미소 짓게도 하지

연극 같은 전생과 후생 사이에
막막한 허공에 걸쳐져
난해해지기도 하고

움직이는 세상사는
시끌벅적함은 관용해져
마음 가는 데로 하고 싶다

그러다 한 生에서
점철되는 변곡점이 되는
순간이 되는 것인지도 모른다

오묘하고 변화무쌍해
마법에 걸리는 일이기 때문이다.

멀구슬나무

해마다 모내기할 때면
뻐꾸기는 뻐꾹뻐꾹 무슨 슬픈
숙명같이 울어 애처롭게만 한데
아카시아 나무 같은 빗살 진
가는 이파리에 보랏빛 꽃 송알송알
시원한 향기 가득한
멀구슬나무 꽃 사랑스럽다
꽃이 구슬같이 매달린 듯 피어
꽃 이름 되었는지
별로 볼품없는 나무에서
환한 상쾌함 주는
가녀린 꽃이 주문하는 말
들리는 것 같기만 하다
사랑하며 사는 거라고
너의 한 생도
저리 살아야 하지 않겠느냐고.

모든 삶은 길을 낸다

여명의 시간 하루가 다르게 크는 모가
엷은 포만감을 안기고
수평선이 초록의 옷으로 갈아입어
대지는 살아 숨 쉬는 듯 격정의 물결이 인다
홀연히 물 빠지는 논의 문행귀에 앉아
모가 빠진 논가에 남은
몇 모를 심고 물컹한 땅에다 심는
흙의 감촉 살포시 좋기만 한데
내 손톱에 낀 흙을 보면서
어릴 적 보았던 할아버지 큰 손톱 끝에
까맣게 끼었던 한 생이 그립다
살갑고 포근했던 그때의 사랑의 시간들이
지금의 날 있게 했을 터이니
한참을 그리움 속으로 되돌아가 아려지는
심는 몇 모가 자족의 웃음꽃 주리
들판은 많은 삶들이 오갔던 곳이라
어떻게 살아야 하고 어디쯤인지
알려주기도할 것인 즉
지나온 길 울퉁불퉁해서 걸어온 맛이
톡톡 거렸는지도 모른다

직박구리에게 길을 묻는다

비 갠 영산강 다리를 걷는데 직박구리 한 가족
다리 위에서 찍찍거리며 나를 앞서고 있다

태어난 지 얼마 안 된 어린 직박구리
세상사는 연습시키는 것인지
시끄럽게도 재잘거린다

비가 계속 내려 축축한 날개 말리기 위해
나온 것이려나 아니면
나를 화엄의 길 인도하려는지

내가 가면 앞으로 가고 한참을 그러다
강물 위로
날아갔다 돌아오기를 반복한다

새들은 저 강 위를 나갔다 들어올 수 있으나
난 난간 밖을 내딛는 순간
생의 간극점을 지나 갈 것이니

나보다 저들이 더 대단한 존재인지도 모른다

한동안 나는
시간의 정적에 보고 또 보며 서성거렸다

그러다 어디로 간 것인지
직박구리 날아간 뒤에 허공은 더욱 팽팽하게
쓸쓸해져서
내일도 이 다리를 건너고 싶을 것이다

그래, 행여
그 직박구리 반갑게 맞아 줄지도 모를테니까.

천둥번개 치는데

곤히 잠든 칠흑의 밤
느닷없이 번개 치고 천둥소리 들린다
그러다 비는 지축을 때리듯 요란하기만 하다

부스스 눈을 뜨고 옥상 문 열렸는지 올랐다
지붕을 때리는 빗소리가 나를 때리는 것처럼
미진했던 삶도 굽이친 파도도
혈육의 서러움 까지도
화나서 퍼붓듯이 내린다

지나온 회한의 역사가 뒤돌아보게 하고
대단한 것도 보람찬 것도 아니었던 것
같기만 하는
요즈음 올 듯 말 듯 한 마른장마라는데
어린 날 쏟아지는 빗속에 뛰어 들었듯이
비를 맞고 싶다

그래, 세찬 비 맞으며 나의 부족을 채찍질하고
그놈의 꿈 탓에 절절하게 효하지 못했던
아버지의 용서를 구하리라

그리고 나로 인해 어떤 알 수 없는 일들에서도
질책과 사함을 받을 수만 있다면 좋겠다
세찬 비 언제 내렸냐는 듯 생생해지고

한 세상 건넌 삶이란 것이
어떤 요술장이 방망이에 휘둘리고 사는
것 인지도 모른다.

눈물이 나는 사이

서러움과 그리움 덩어리
외로움과 슬픔에 흔적들

몇 번이고 울고 울고만 싶었던
생의 벼랑에 서서
산다는 것은 눈물 나는 일

사랑하고 떠나는 순간의 사이
하나뿐인 사이를 보내는
절망에 맞닥뜨릴 때
그 진한 격정과 아픔사이

절절한 인연과 인연사이
삶이란 만나고 떠나는 눈물 되는

어쩌면 한세상 사는 일이
슬픔의 페이소스 그 사이사이
숲길을 헤치 듯 지나는 것인지도

무너지는 빙하의 마지막

숨 막히는 처절함처럼
난 눈물을 어느 사이에서 떨구겠지

제5부

창랑정 가는 길

겨울 영산강

겨울 영산강에 나가
눈 쌓인 강가의 풍경 속으로 들어간다
뜨거운 구들장에 등짝을 지지고 싶지만
차디찬 강바람을 맞으며
단 한 번도 게으르지 않고 흘러가는
오랜 시간 역사의 비애가 서린 강물이다
이 땅에 살았던 이름 모를 사람들의
통곡과 슬픔이 흘러가는 강물이다

누군가는 참을 수 없는 분통을 강물에 터뜨리고
또 누군가는 피 묻은 장검을 씻고
누군가는 죽은 어린아이를 부둥켜안고
눈물 같은 강물로 씻는다

지난 여름 강물이 불어
온갖 쓰레기들을 부려놓고 갔다
강의 탓이 아니다
인간의 욕망을 모질게 호통치는
강물의 목소리를 들었다

멀리서 바라보면 아름다운 풍경이지만
가까이 다가가 바라보면
강물에서 피냄새가 난다
강물에서 누군가 세례받은 성수이다
아니다 욕이었다가 말씀이었다가
불경不敬을 담아놓은 성경이거나 불경이다.

나는 경전에 빠져죽기 위해
날마다 눈 쌓인 강가의 풍경이 된다.

사랑이여

영산강 강변길에
동백과 개나리 유채꽃이 피어나자
꽃들을 바라보는 마음이 뜨거워진다

사람들은, 살아나지 못할 것이라는 연민의 눈초리였지만
어쩌다 다시 살아난 봄날
창문 틈으로 희미하게 새어 들어오던
봄빛이 반가운 적이 있다
건들면 금방 스러질 것 같은
죽다가 살아나서
봄비가 어둔 땅속의 목숨을 호명하듯
얼음이었던 육신에 뜨거운 핏톨이 돌듯
비로소 나의 정신은 깨어났다

어둠 속에서 깨어나고
엄동의 얼음구덕에서 몸이 풀리게 한 것을
나는 사랑이라고 부른다
시련을 견딘 모진 고초를
사랑이라고 부른다
그러므로 나를 일으켜 세운 것을

사랑이라고 부른다

길가에 피어있는
하찮은 꽃에게서 눈을 떼지 못한다
발길에 밟히면서도
엄동의 동토에서 꽃을 피어내는
뭇 생명들 앞에서 무릎을 꿇는다.

냉산 집

한 집안 생의 역사 족적만 남아있다

대 가족 소란했던 정겨운 공허의 터

이제는 까마득하게 잊혀지는 시간이다

무성한 꽃잎들도 바람에 날 리 듯이

애틋한 그리움만 그 살강에 놓여 있고

뒤꼍에 대나무 숲은 새소리도 청아했다

본채와 사랑채에 웃음꽃이 가득했지

새겨진 사랑의 시간 손주들께 주고 싶은

지금은 낯선 꽃들만 슴슴한 듯 피었다

*냉산: 나주시 삼영동 영산강 옆에 있는 마을.

사랑하고 싶은가

사랑은 봄날 멍 때리며
목련 터지듯 시작되는 것일까

그래 사랑은
피는지 모르게 피었다가
목련꽃 지듯 떨어지는

사랑은 언제나
그 깊이 만큼의 아픔을 주어
불확실하고 불가항력적으로 오고 가던가

삶이란
진정한 사랑을 찾는 것
생이 존재하는 시간
함께 가야 할 것이기에
후회하지 않는 거라지

그렇게 우리 生은
결국 그놈의 사랑 때문에 살고
구천을 떠돈다지.

절망에서

삶이 박살날 것 같은
절망을 만나
겨울 강에 갔다

어쩌지 못한 질곡에서
어떻게 할 수도 없는
처절한 고독함들

자칫 헛디뎌서
시궁창 같은 강물 속으로
내동댕이쳐지는 듯한
회한이 스쳐간다

살아온 길 곡절이 되고
살아갈 일 알 수 없어
바람은 매섭게 부는데

차가운 저 강가에서 누군가가
사시나무처럼 떨고 있다.

살아야 하니까

아침이 열리는 기적과
마주 합니다
한낮의 일상에 감사하고
저녁의 그윽함에 젖어듭니다

옹골진 손자의 손을 잡고
산책하는 진한 뭉클함이 좋고
詩를 쓰고
운동을 하고 누군가 그립고
책을 볼 수 있는 한가함이
고맙기도 합니다

살아야 하니까
못내 삶이 혼돈에 빠져
직립을 잃고 엉거주춤 하여도
툭툭 털어내야 했습니다

삶이란 굽이굽이마다
곡예사의 서커스 같지만
살아야 하니까요.

천문산天門山*올라서

천동문 지나
하늘로 들어가는 길
신비스로워 소란한 탄성 우수수하다

하늘정원 천애 길
손에 잡힐 듯 한 그루 마삭꽃
하얗게 피어나 펜타스틱하게
손짓해 주는 듯하고

깎아지른 절벽 유리잔도
하늘 위 걷는 것 같아
마음도 저린다

지난 생의 역사 고마워라 하고
잘 살아라 잘 살아라
채근하는 것 같아서
더욱 격동되는

저리도
하늘로 가는 문은 장엄하기만 한데

내 생이 지나온 길 같아라.

＊중국 호남성 무한 1,500m 정상에 문이 뚫려있는 산.

개양귀비꽃

영산강 따라 걷는 이른 아침
흐드러지게 피어난
개양귀비꽃
항우의 애첩 우미인 닮듯
눈 시리도록 새빨갛게
화사한 모습으로 다가 와
바라보는 눈길이 뜨겁다
넉 장 여린 꽃잎 안에
가녀린 노란 꽃술
다소곳이 유혹하는 듯 앉아
아리고 애틋하다
언제 저리 뜨거운 꽃에게
무너졌던 한 생 있었는지
나는 장작불처럼 붉은 숨
한참을 쉬고 있었다.

창랑정 가는 길

살가운 바람 부는 다리건너
노란 무꽃 유채꽃 피던
넓은 포전 밭 보며
둑방길 촐랑촐랑 뛰어갔었지

파랗게 밀려오는 영산강 따라
밀려가는 발걸음
봄까치꽃 많이도 피어나던 길

아름드리 벚꽃 따라가면
아지랑이 피어나던
창랑정이 손짓 해댔지

뒷산 연분홍 진달래 꽃
예쁜 그 꽃 따먹던
허기진 봄날이 출렁대는 곳.

* 창랑정滄浪亭 : 나주시 삼영동 영산강변에 있던 정자

흙을 밟으며

강가에서 흙을 밟는다

맨발의 촉감은 깊은데
지나온 나의 종심從心의 생애가 서러워서
미안해서 발을 뗄 수가 없다

점철된 회한의 역사
폭풍처럼 가버린 생의 곡절과
가슴앓이 했던 설움도 밟는 것인지

살아간다는 것은
언제 끝이 될 수 없는 길을 밟고
부서졌던 꿈도 사랑도 밟는 것

어느 막다른 길에 서서
되돌아갈 수 없는 生에
서럽게 통석痛惜하는 것인지도

환한 인연들에도 감사하며
주어진 시간을 위하여

흙과 친해져야 하는
그 길을 밟고 또 밟는다

절절한 그리움들 묵언의 발걸음 되어
붉은 햇살이 번진다.

어느 겨울이야기

건강한 삶을 희원하며
눈덮인 광야 같은
강가를 걸었습니다

진나간 날들은
뒤뚱뒤뚱거리고 아쉬워지기도 해서
서러움도 견뎌내야 했습니다

돌아보면 어떤 대가 같은 것을
치루고 지나온 생 같기만 합니다

무수한 인연과 세상사는
그만큼의 회오리바람 불었습니다
이제 내리는 눈이
강물에 하나 되듯 지나고 싶습니다

버리고 관용하고 이해하는 시간
흰눈 내린 강 언덕의 한 초록 삶이
고맙기만 하고 꿋꿋하기도 합니다

하롱하롱 날리는 눈은 강물에 떨어져
자꾸만
흔적 없이 어디로 지워져 가는지.

노을의 노래

노을이 바다로 간다
떨어짐이 찬란하고 숙연해 진다

무엇이 모자라서
다 내려놓아야 하고
다 버려야 함을 말하는가

수많은 시간들이 지나갔고
수많은 사연들이 흘러갔지만
비우지 못하는 세업들

떨어지는 노을은 이야기 한다
지나간 인연들이 발길을 붙잡고
사라진 시간들의 연민으로
노을은 저리 붉게 불타는 거라고

이제 삶은 종언의 글을 준비하는
떨어지는 노을이 더
처연해 지고 서럽기만 하는 시간

어느 허공의 끄트머리에 서서
바다가 되는 한 生은
노을처럼 붉기만 한데.

날아간 오후

난세와 한파에 지쳐가는
심신 달래기 위해
허공에다 공을 휘두른다

무슨 놈의 바이러스가 그리 무서운 건지
맛집 찾는 자유로움도
친한 벗들 만나는 즐거움도
저승 길 가는 것처럼 두려우니
이게 사는 것인가

코와 입을 감싸지 않고는
집을 나설 수 없는 세상
生을 잃어가는 아쉬움
공허의 거리처럼 허허롭다

山 아래
무서움 피해 필드에서 공치고 걸으니
어느 삶 부럽지 않으련만
드라이브 소리 경쾌해
시원스레 공 날고

일상은 언제나 새처럼 날으려나

코로나도 세상사도
휘둘러 날린
저 골프공같이 날아간 오후.

옛 선창에서

언제나 왁자지껄한 풍성했던
소란한 새벽
영산포의 옛 선창은 고요가 깊다

가야산 앙암바위 끼고
홍어 배 들어오던 어제가 꿈틀대듯
영산강 다리에 서면 저려진다

책가방 허리 둘러매고
뛰던 다리는 그대로인데
구름에 석양의 노을 환상적으로 스미는데
빈집들 많이도 남아
거미들만 떠난 주인을 기다리는 듯하다

막혀버린 강처럼 막혀버린 땅
살기 위해 찾았던 이곳에서
다시 살아남기 위해 떠나가는 이들에게
뭐라 말할 수 없음이 서럽다

그러다 어느 생에선가 힘든 시간

보낸다는 소식이라도 들려오면
무담시 슬퍼져서
그 시끌 법석거렸던 선창을 원망하기도

남아있는 사람들에게는
다시 그 향수 같은 그리움 회억하며
조상들이 지키고 살았던 땅이기에
그저 살아가는 것인지도

지나 보니 한낱 부질없던 것들에
끈질기게도 마음 두고 살았던 서러운 땅
허상만 같았던 선창의 애틋한 역사를
불어오는 저 강바람은 알고 있다

보길도를 뒤로하고

배가 지나온 하얀 물보라
사백 년 전 한 선비
삶의 역사처럼 출렁이고
고산의 한 생이 묻어나는
섬은 호젓하게 서있다
격자봉 아래 부용동원
세연정에서 격랑의 시대
위로받고 건넜을까
당쟁의 역사 비켜서 은둔의 삶
고고한 생을 구가한 자취들
정겨운데 배가 지나온 물보라는
지나온 날들같이 어지럽다가
언제 그랬느냐는 듯 돌아가고
삶과 역사는 결코 돌아갈 수 없는
유한에 묶이고
고산도 이곳에 다 놓고
유유자적 살고 싶었던가
배 띄워 어부사시사 짓고 부른
굽이친 역사를 건넌 대단한 한 시인이
갈매기 되어 휘돌고 있다

홍어연가

삭힌 홍어 한 점 잘근잘근 씹으며
시린 삶도 삼킨다

할아버지 손을 잡고 영산포 장날
선창에 홍어 사러 따라 나서던 촐랑대던 일도
모내기 보리타작할 때
옹기 속 홍어 부뚜막 식초로 버무리시던
할머니의 맛깔난 손맛

홍어에는 사랑과 그리움 회억되게 하는
오묘한 마력의 한 生이 배어있다

흐물흐물한 코
사각 사각거리는 날개
힘이 솟아날 것 같은 생식기도 먹어보라
그립던 옛날이 소환되고
지나간 세상에 젖게 될지 아는가

홍어가 주는 애틋함들 그 삭힌 정에
눈물 한 방울 지나간다.

운명

넓은 들판을 지나 강을 건너
산, 힘차게 넘노라면
다다를 줄 알았다

어느 봄날
방안퉁수가 되기도 하고
무위도식하는
어처구니가 되더라도

산을 호령하려는 듯
폼 잡고 살아온 날들은
잠시 뜬 무지개
삶의 고비를 넘어가니
모두가 부질없었던 거라고
山 한번 쳐다본다

산에 오르고 바다를 건넜던
좌충우돌했던 지난 삶도
그립기만 한 여정들

그러다,
느닷없이 병들어
생의 길 떠나는 도정

아름다웠노라고 웃음 지으며
운명이란 배에 올라 항해하는 거지.

회오리바람에게

바람이 차가운 것은
바람 탓만이 아니다

지나온 세상끼리
부딪치며 다투며 시린 바람 되었으리
그리운 대로 기다림대로
기쁨도 아픔도 사랑했기에 바람이 되는

젖은 낙엽 겹겹한 겨울 산 걸어보라
저작한 그간의 삶이
어찌 바삭거리기만 하던가

生은 녹록치 않고 삭풍처럼 흔들거나
세상 할퀴고만 가느니

지구촌을 몰아치는 저 싸움은
언제부터 회오리바람이었나.

작품론

생의 발원지 영산강에서 삶을 성찰하는 시

허 형 만
(시인, 목포대학교 명예교수)

1.

김용갑 시인은 영산강이 낳은 시인이다. 영산강가의 냉산 마을에서 태어나 종심에 이른 지금까지 영산강을 떠나지 않고 영산강을 가슴에 품고 영산강을 사랑하며 영산강과 함께 살고 있다. 시인은 〈자서〉에서 "저는 이날까지 영산강의 젖먹이로 살아왔습니다. 그런 의미에서 영산강은 나에게 어머니의 강이고 사랑의 강이고 나를 찾아가는 구원의 강이기도 합니다."라고 고백한다. 첫 시집 『초보 농부의 개론』(한림, 2021)에서도 영산강은 시집의 핵심을 이룰 만큼 중요한 자리를 차지하며 고향 사랑의 정신을 보여준 바 있다.

영산강은 조선 초 영산포가 크게 번창하여 강 이름도 영산강이라 부르게 되었다. 영산강은 역사문화적, 인문지리적으로 오랫동안 전남 담양군 용면 가막골에 있는 용소龍沼를 발원지로 보았으나 정부 발행 『한국 하천 일람』에는 수문학적 관점에서 전남 담양군 월산면 용흥리 병

풍산 북쪽 용흥사 계곡을 공식적인 발원지로 기록하고 있다. 김용갑 시인은 전남 나주시 삼영동 영산강가에 있는 냉산 마을에서 태어나 자라며 평생 영산강을 떠나지 않고 있다. 그러기에 이 영산강은 김용갑 시인의 시적 모태이자 자신의 삶의 현장으로서 모든 시와 삶이 영산강과 함께 숨 쉬고 있다.

    화려한 한 생
    옹골지게 피어난 극미의 꽃
    배고픈 조상들이
    기다리던 꽃

    국민학교 2학년쯤이었을까
    몹시 무덥던 날
    고향 집 마루에 앉아
    앞산을 물들인 배롱나무에서
    선혈이 낭자한 꽃을 보았다

    꽃이 세 번 피면
    쌀밥 먹게 해 주신다던 할아버지의
    말씀이 그립기만 하다

    백일, 여름날을 인고하는 꽃
    생의 뒤편을 비추는 꽃
    행복과 인연을 생각게 하는
    그대의 사랑도 저 꽃 같아라.

-「백일홍」 전문

  이 시에서 '백일홍'은 멕시코가 원산지인 국화과에 딸린 한해살이풀이 아니라 중국이 원산지로 부처꽃과에 딸린 갈잎큰키나무인 '배롱나무'를 말한다. 꽃이 100일 동안이나 오래 피는 것은 한해살이풀인 '백일홍'과 같아 호칭 상 혼동하기 쉬워 배롱나무를 '목백일홍'이라고도 부른다. 꽃은 7~9월에 피며 품종에 따라 흰색 꽃과 자주색 꽃도 있지만 주로 분홍빛 꽃이 많다.

  김용갑 시인은 "백일, 여름날을 인고하는 꽃/ 생의 뒤편을 비추는 꽃"인 목백일홍을 "화려한 한 생/ 옹골지게 피어난 극미의 꽃"이라고 찬사를 보낸다. 또한 이 꽃은 "배고픈 조상들이/ 기다리던 꽃"이다. 왜냐하면, 할아버지 말씀처럼 "저 꽃이 세 번 피면" 추수 때가 되어 마침내 "쌀밥"을 먹을 수 있다는 희망 때문이다. "고향 집 마루에 앉아/ 앞산을 물들인 배롱나무에서/ 선혈이 낭자한 꽃"을 보고 있던 "국민학교 2학년쯤"의 추억이다.

  김용갑 시인의 고향인 「냉산 우리 집」은 "뒤꼍에 대나무 숲은 새소리도" 청아했고, 대가족으로 소란했으나 정겨웠으며 "본채와 사랑채에 웃음꽃이 가득했"던 곳이다. 지금은 "한 집안 생의 역사 족적만 남아" "공허의 터"가 되었고, "애틋한 그리움만 살강에 놓여 있"지만, 유년 시절 "새겨진 사랑의 시간"을 이제 손주들에게 전해주고 싶은 고향 집이다. 고향 냉산을 생각하면 "골짜기에 가득

눈 쌓인 고향/ 강냉이 산에서/ 토끼몰이했던"(「雪江에다 길을」) 추억이 떠오르고, "소꿉동무의 어린 손/ 고향 뒷산의 늙은 소나무/ 할머니의 땀 내음/ 개울가에 잡았던/ 노랗던 대짜 장어"(「지나간 것은 그립다」)도 그리워진다. 그러기에 시인은 돌아오지 않는 것은 그립다, 지나간 것은 모두 그립다, 만날 수 없는 것들은 모두 그립다고 한다.

그래서 김 종 시인은 첫 시집 해설에서 "태어나서 지금 이 순간까지도 고향을 지키고 살아가는 김용갑 시인에게 고향은 특별한 의미가 되기에 충분하며 피붙이처럼 분리할래야 분리해낼 수 없는 그 자신의 우주이기도 할 것이다"라고 평했다.

> 건강한 삶을 희원하며
> 광야처럼 깊은 설원이 된
> 강가를 걸었습니다
>
> 사라진 날들은
> 뒤뚱뒤뚱거리고 아쉬워지기도 해서
> 서러움도 견뎌내야 했습니다
>
> 돌아보면 어떤 무형의 대가 같은 것을
> 치르고 지나온 생 같기만 합니다
>
> 무수한 인연과 세상사는

그만큼의 회오리바람 불었습니다
이제 내리는 눈이
강물에 하나 되듯 지나고 싶습니다

버리고 관용하고 이해하는 시간
하얀 눈 내린
강 언덕의 한 초록 삶이
고맙기만 하고 꿋꿋하기도 합니다

하롱하롱 날리는 눈은 강물에 떨어져
자꾸만
흔적 없이 어디로 사라져 가는지.
-「어느 겨울 이야기」 전문

 김용갑 시인은 영산강가를 즐겨 걷는다. "건강한 삶을 희원하며" 걷노라면 사라진 날들을 돌아보게 되고, "돌아보면 어떤 무형의 대가 같은 것을/ 치르고 지나온 생 같기만" 함을 느낀다. 때는 겨울이라 강가를 걷다가 "하얀 눈 내린/ 강 언덕의 한 초록 삶"을 발견하고 그 생명성에 "고맙기만" 한 시인의 시적 인식은 "내리는 눈이/ 강물에 하나 되듯", 하롱하롱 날리는 눈이 "강물에 떨어져/ 자꾸만/ 흔적 없이 어디로 사라져"가듯, 그렇게 무심無心으로 살고자 한다. 이처럼 눈 내린 겨울 강가를 거닐며 "왼발이 자꾸만 빠지는 듯"(「왼쪽 굽이 더 닳은 이유」)한 느낌을 받을 때도 있지만, 이는 자신의 흔들렸던 삶 때문이라고 내면 의식을 드러내 보이기도 한다.

이른 아침, 영산강 따라 걸으며 "흐드러지게 피어난/ 양귀비꽃"(「영산강에서」)을 만나고, 강가에 흐드러지게 핀 유채꽃에서는 "꽃도 우주의 질서에/ 순응하는 것 같아서/ 꽃이 스스로 핀 것이/ 참으로 고맙"(「영산강은 노랗게 피었다」)게 생각하기도 한다. 어떤 날은 영산강 동섬으로 가는 산책길에 "영산강 가로지르는 고압선에/ 철새 떼가 앉아"(「어떤 귀로歸路」) 있는 것을 보고 결코 녹록치 않는 긴 여정일 것을 상상하며 한세상 살아가는 우리 삶과 똑같다는 상념에 젖기도 한다.

또한 "삶이 박살 날 것 같은/ 절망을 만나/ 겨울 강가에"(「절망에서」) 가기도 하고, "고맙고 사랑스러운/ 언제나 내 편이 되는/ 한결같은"(「아내라는 당신」) 아내와 함께 "영산강 둔치에서/ 맨발 걷기 운동"(「개밥바라기」)도 한다.

    비 내리는 선창가에서
    어느 무명 가수의 노래가
    막혀버린 영산강을 울린다

    각설이는 한밑천 잡겠다고
    한껏 폼 잡고
    사는 것이 뭔지
    쥐어지지 않는 돈을 위해
    타령이 구슬프다

흑산 홍어 아르헨티나 칠레
세계 홍어가 진을 치는
천막에서 채비 다 되었는데
하필 비는 세차게 내리고

비 맞은 선창이 빠르게
파장으로 가는 지친 오후
축제 속에서 핑크피쉬는
파란 고향으로
가고 싶다고 아우성대는지

축제 때마다 비 온다고
홍어 파는 아줌마
오늘도 홍어같이 붉게 피었다.
-「홍어 축제장」전문

  매년 나주 영산포 둔치에서는 영산포 홍어 축제가 열린다. 예전에는 흑산도에서 홍어를 실은 배가 영산강 물길 따라 5일 이상 걸려 이곳 영산포까지 오는 동안 홍어가 숙성되어 홍어 특유의 알싸한 맛을 냈다고 한다. 그래서 '숙성 홍어의 본고장, 영산포'라는 이름이 붙었다.
  시인은 지금 그 홍어 축제장의 상황을 TV 실황 중계하듯 묘사하고 있다. 하필 그날따라 비가 내리고 있다. 어느 무명 가수는 "막혀버린 영산강을" 울리는 구슬픈 노래를 부르고, 각설이는 "한밑천 잡겠다고/ 한껏 폼 잡고" 타령하는데, 그 노래마저 구슬프다. 비 내리는 날 가수의 노래도, 각설이의 타령도, 빗소리와 함께 구슬퍼 축제 잔치의 분위기가 가라앉은 분위기다. 물론 비가 "세차게 내리"니 홍어 축제에 참가하는 사람도 적고, 홍어 장사도 안될 수밖에. 홍어 장사가 안되니 홍어 파는 아줌마는 "축제 때마다 비 온다고" 투덜거리며 얼굴이 "홍어같이 붉게" 필 수밖에. 아주 실감 나는 축제장 묘사가 아닐 수 없다.

영산포 홍어는 시인에게 오묘한 마력의 힘과 애틋함이 있다. 그래서 "삭힌 홍어 한 점 잘근잘근 씹으며/ 시린 삶도 삼킨다// 할아버지 손을 잡고 영산포 장날/ 선창에 홍어 사러 따라나서던 촐랑대던 일도/ 모내기, 보리타작할 때/ 옹기 속 홍어를 부뚜막 식초로 버무르시던/ 할머니의 맛깔난 손맛"(「홍어 연가」)을 떠올리며 홍어 연가를 부른다.

2.

김용갑 시인은 자신의 삶의 이야기를 스스럼없이 조곤조곤 들려준다. 그러면서 그 삶에서 터득한 철학적 사유의 깊이를 독자로 하여금 함께 묵상하게 한다.

    강가에서 흙을 밟는다

    맨발의 촉감은 깊은데
    지나온 나의 종심從心의 생애가 서러워서
    미안해서 발을 뗄 수가 없다

점철된 회한의 역사
폭풍처럼 가버린 생의 곡절과
가슴앓이했던 설움도 밟는 것인지

살아간다는 것은
언제 끝이 될 수 없는 길을 밟고
부서졌던 꿈도 사랑도 밟는 것

어느 막다른 길에 서서
되돌아갈 수 없는 生에
서럽게 통석痛惜하는 것인지도

환한 인연들에도 감사하며
주어진 시간을 위하여
흙과 친해져야 하는
그 길을 밟고 또 밟는다

절절한 그리움들 묵언의 발걸음 되어
빨간 햇살이 뜬다.
- 「흙을 밟으며」 전문

김용갑 시인이 영산강가를 걷는 것은 일상이 되었다. 맨발로 흙을 밟으며 맨발에서 전해오는 흙의 촉감이 신을 신고 걸을 때와는 전혀 다르다. 언젠가 세상을 하직하면 육체는 곧 흙이 되므로 인간의 육체는 흙과 하나이다. 그러기에 "맨발의 촉감"은 깊을 수밖에 없다. 특히 종심의 나이에 맨발로 걷는 느낌은 생을 돌아보게 하는 마력이 있다. 그 마력은 지나온 종심의 생애가 서러워서 "미안해서 발을 뗄 수가 없"게 한다.

특히 시인은 맨발로 흙을 밟으며 지나온 종심의 세월을 떠올린다. "점철된 회한의 역사/ 폭풍처럼 가버린 생의 곡절과/ 가슴앓이했던 설움"을 떠올리며 흙을 밟는다. 되돌아본 자신의 칠십 생애는 한마디로 "회한의 역사"이다. "나는 지금 어디쯤 가는 길이어서/ 잘 건너고 있는지"(「11월」), 성찰하며 걷는 길은 삶의 역사 속 한순간에 불과하다. "살아간다는 것은/ 언제 끝이 될 수 없는 길"임을 깨달으며 "부서졌던 꿈도 사랑도" 밟는 길임을 인식하기에 이른다. 과거의 시간이 지금 이 길 위에서 장차 다가올 시간까지 생각하게 한다. 그러기에 "되돌아갈 수 없는" "어느 막다른 길"에 서게 되기 전 "환한 인연들에도 감사하며/ 주어진 시간을 위하여" 흙과 친해져야 함을 알고 지금 바로 이 순간 흙을 밟는다. 흙을 밟으면서 J. P. 리샤르의 말처럼 '모든 진정한 감각의 새로워짐'을 온몸으로 받아들이고자 한다. 이 감각은 본래의 상태로 바뀌어지는 신선함을 창조할 것이다.

    사랑은 봄날 멍 때리며
    목련 터지듯 시작되는 것일까

    그래 사랑은
    피는지 모르게 피었다가

목련꽃 지듯 떨어지는

사랑은 언제나
그 깊이만큼의 아픔을 주어
불확실하고 불가항력적으로 오고 가던가

삶이란
진정한 사랑을 찾는 것
생이 존재하는 시간
함께 가야 할 것이기에
후회하지 않는 거라지

그렇게 우리 生은
결국 그놈의 사랑 때문에 살고
구천을 떠돈다지
-「사랑하고 싶은가」 전문

 김용갑 시인의 삶의 성찰은 매우 진지하면서도 결코 절망하지 않는 시인만의 깊은 사유의 폭을 보여준다. "삶이란 굽이굽이마다/ 곡예사의 서커스 같지만"(「살아야 하니까」), "흘러간 시간은 빈 거미줄 같은/ 허상의 무지개"(「거미집」)지만, "굽이친 회한의 역사가/ 부끄러워서 미안"(「일출과 낮달 사이」)하지만, "희희낙락하는 세상에서/ 언제 다 타버릴 줄 모르는/ 가느다란 촛불 안은 채/ 절망의 생을 보냈"(「생은 봄비였다」)지만, 그럼에도 불구하고 "오는지 가는지 모르게/ 어느새 바뀌는 계절 속에/

삶도 가는지 모르게 가"(「안동 가는 길」)는데 "삶이란/ 진정한 사랑을 찾는 것/ 생이 존재하는 시간/ 함께 가야 할 것이기에/ 후회하지 않는 거"라는 걸 마음에 새긴다.

  그렇다면 진정한 삶이란 무엇일까? 시인은 말한다. 오래전 아들이 첫 월급 선물로 사준 장갑을 지하철역에서 잃어버리고 나서 "사람의 한 생도/ 이렇게 떠나갈 수 있겠다"(「잃어버린 시간」) 싶고, "사람의 생이란/ 태어남은 죽음을 뒤쫓고/ 죽음은 태어남을 쫓아가는 거"(「현수와 달리다」)라지만 "연민이거나 사랑이거나/ 그런 뜨거움으로 사는 것"(「버스 안에서」)이라고. 그래서 "해와 달 지나듯이/ 주어진 일상 따라가느니/ 어느새 삶은 우듬지에 앉아있다/ 그러니 다 떨구고 기쁘게 살아야 하리"(「갑진년을 맞으며」) 다짐한다. 그렇게 다짐하면서 "아침이 열리는 기적과/ 마주"하며 "한낮의 일상에 감사하고/ 저녁의 그윽함에 젖"(「살아야 하니까」)는다.

  이만큼 살아오면서 무엇이 아쉽고 서운할 것이 있겠는가? "꿈, 사랑, 그리움, 서러움,/ 미움까지도 모두"(「풍경이 되는 철새처럼」) 영산강에다 풍덩 던지고 가자고 자신에게 이른다. 이제 종심의 길에서 다 비워내는 것이다. "비워내는 일은 절대적이라/ 어떤 헛된 집착들도/ 다 비우지 못한 탐욕인즉/ 세월이 지날수록 비우는 일은/ 경건한 수행 같기만"(「비움에 대하여」) 하다.

3.

 김용갑 시인은 이번 시집에서 여행 시를 몇 편 보여주고 있다. 여행은 한 공간의 단순한 경과가 아니다. 여행은 그 공간 속에서 새로운 세계를 발견하고 새로운 체험을 하는 의미가 있다. 분석심리학의 창시자 칼 구스타프 융에 의하면 여행은 그 대상이 무엇인지 알 수 없는 열망, 결코 충족되지 않는 그리움으로 정의된다.

 첫 시집 『초보 농부의 개론』에는 국내는 노무현 전 대통령 생가가 있는 봉하마을, 국외로는 필리핀 보라카이, 태국 여행의 시가 있지만, 이번 두 번째 시집에는 국내로는 서울 성북동, 북촌, 그리고 경주, 임진강을 다녀왔고, 백두산과 캄보디아 앙코르와트도 다녀왔다. 시인이 지금 살고 있는 곳은 영산강이 흐르는 전남 나주시이다. 이곳에서 서울을 갈 때는 물론 고속버스도 있지만 주로 나주역에서 기차를 탄다. 서울역이나 용산역을 가려면 KTX를 타고, 수서역으로 가려면 SRT를 탄다. 시인은 수서행 SRT 기차를 타고 서울로 가면서 느끼는 소회를 시로 썼다.

> 기차를 탔다
> 쉼 없이 지나온 회한의 세월은
> 바람 한 자락이었고
> 삶은 차창 밖 들판처럼 날린다
>
> 열정으로 다독이며 보낸 生

조심스럽기만 하였으리
기차는 너무 빨랐고
창밖의 풍경은 사정없이 뒤로 넘어진다

모내기를 끝낸 초록의 들판이 덥다
말없이 가는 것들이 두려워지는
나의 기차는 어디만큼 가는지
절감되는 생의 촉수가 무섭다

심중의 고적함은 천둥 치듯 하고
정해진 궤적처럼 치닫는 삶이지만
어쩌다 간이역에 불시착할지라도
결코,
통절하거나 서러워하지 않기로 했다

레일 위 나는 듯 절박함은 크고
자꾸만 뒤돌아가려는데
기차는 별이 쏟아지는 한 컷의 이야기도
시 같은 서러운 곡절도 나른다.
　　　　　　　　　　-「수서행 기차를 타고」 전문

　　김용갑 시인은 기차를 타고 여행하면서 차창 밖의 풍경을 아무 생각 없이 구경만 하는 게 아니라 기차가 달리는 속도감 속에서 사유의 폭을 확장한다. 기차의 빠른 속도만큼이나 "쉼 없이 지나온 회한의 세월"을 떠올리고 "열정으로 다독이며 보낸 生"을 들여다본다. 종심의 나이에 이르기까지 돌이켜보니 기차가 너무 빠르듯 살아온 삶의 여정도 너무 빨랐고, "차창 밖 들판처럼" 삶이 날리는 감정에 젖는다.

달리는 기차의 차창 밖은 "모내기를 끝낸 초록의 들판"이다. 엊그제 모심기를 한 것 같은데 벌써 벼들이 솟아올라 초록의 들판으로 변했다. 기차의 속도처럼 빠른 시간이 흘렀음을 실감한다. 후안 라몬 히메네스는 "시간과 기억은 지름길로 오지 않고 빛과 바람 타고 온다"라고 노래했다. 지금 시인의 느낌도 이와 다르지 않았으리라. 하이데거의 말처럼 "존재하는 것이란 시간과 시간 사이에 끼어 있는 것"이라서 지금 시인의 존재는 "말없이 가는 것들이 두려워지는" 의식 속에서 "절감되는 生의 촉수"를 느낀다. 이 느낌을 시인은 "심중의 고적함"이라 표현한다.

지금 시인이 타고 가는 SRT 기차는 목포에서 수서까지, 그러니까 출발역인 목포에서 종착역인 수서라는 "정해진 궤적"이듯 우리네 삶도 태어나는 순간 생의 출발역을 떠나와 오직 신만이 아는 종착역을 향해 달려간다. 그러나 생이라는 "나의 기차는 어디만큼 가는지" 알 수가 없다. 마냥 "치닫는 삶"이기에 "生의 촉수가" 무서울 따름이다. 자신의 정해진 생의 종착역까지 다 못 갈 수도 있을지 모른다는 무서움은 두려움을 수반한다. 그러나 시인은 이때 "어쩌다 간이역에 불시착할지라도/ 결코,/ 통절하거나 서러워하지 않기로" 한다. 바로 이 점이 존재의 근원에 대한 탐색이라는 김용갑 시인만의 깊은 사유이다. 이제 시인은 하고 싶은 대로 해도 법도를 어기지 않는다는 뜻의 '종심소욕불유구從心所欲不踰矩', 즉 "종심從心"에 들었지 않은가.

> 윤동주도 올랐던 북악산에서
> 서울의 풍경이 여울진다
> 인왕산 깎아 자른 듯 바위산이
> 범할 수 없는 지고한 정신의 포상 같은데
> 길상사에 격정의 한 시대를 풍미했던
> 자야와 백석의 애틋한 시가
> 가을 단풍으로 현현하여 뜨겁다
> 끊어질지언정 꺾인 삶 살지 않았던
> 심우장 주인의 소는 지금쯤 어디메를 가는가
> 이태준의 기영세가 수연산방은
> 그의 문장처럼 정취 그윽한데
> 윤동주의 서정을 안겨준 인왕산, 북악산
> 도성 길에 서시가 하늘을 우러러
> 바람에 스치운다
> 격랑의 한 시대를 선구자로 살아온
> 시인들의 생은 뜨겁게 서글펐고
> 차갑게 고달팠으리라
> 성북동에 내리는 작달비가 총총거리게 하는
> 만추의 한양 도성 길이
> 게을러진 나의 영혼을 추스르게 한다
> ―「성북동 연가」 전문

서울에 온 시인은 길상사에서 수연산방까지의 성북동 고택 북촌길을 걷는다. 만추에 작달비가 내리는 날이지만 시인은 한 시대를 온몸으로 살아간 문인들의 흔적을 찾아 "게을러진 나의 영혼을 추스르게" 하는 여행을 한 것이다. 이 시에 등장한 문인은 윤동주, 백석, 한용운, 이태준이다.

먼저 북악산의 한양 도성에 오른 시인은 한때 이곳을 올랐을 저항시인 윤동주를 떠올리고, 윤동주의 그 민족정신, 절개와 맞물려 "인왕산 깎아 자른 듯 바위산이/ 범할 수 없는 지고한 정신의 포상 같은" 상념에 젖으며 여울지는 "서울 풍경"에 심취한다.

산에서 내려와 길상사에 들러 뜨거운 "가을 단풍"에서 "자야와 백석의 애틋한" 사랑이 불타는 걸 느낀다. 잘 알려져 있듯 길상사는 김영한이 운영하던 요정 대원각을 법정 스님께 시주하여 1997년 12월에 '맑고 향기롭게 근본 도량'으로 개원한 곳이다. 이때 법정 스님은 김영한에게 '길상화 보살'이란 법명을 주었다. 백석 시인이 김영한을 사랑하여 자야子夜라는 이름을 지어주고, 자야를 위하여 유명한 시 「나와 나타샤와 흰 당나귀」를 썼다고 알려진다. 자야, 곧 김영한은 대원각의 재산은 백석의 시 한 줄만도 못하다는 말로 백석에 대한 사랑이 얼마나 뜨겁고 깊었는지를 보여주었다.

이어 「님의 침묵」의 시인 만해 한용운의 심우장을 찾아간다. 심우장은 한용운 시인이 1933년부터 1944년까지

만년을 보내며 살았던 집이다. '심우장'이란 깨우침을 찾아 수행하는 과정을 소를 찾는 일에 비유한 불교 설화에서 따와 집의 이름으로 지은 것이다. 이곳에서 시인은 만해가 찾는 소가 "지금쯤 어디메를 가는가" 사유한다. 심우장에서 나온 시인은 『문장』지의 주간이자 『문장강화』의 저자인 상허 이태준의 고택 수연산방을 방문한다. 탐스런 정원을 품은 수연산방은 9인회의 사랑방이었으며 김기림과 정지용과 이상이 담소를 나누던 누마루이다.

시인은 성북동 일대를 돌아다니며 "격랑의 한 시대를 선구자로 살아온/ 시인들의 생은 뜨겁게 서글펐고/ 차갑게 고달팠"을 것을 떠올리며 내리는 작달비에 총총거리면서도 "게을러진 나의 영혼을 추스르게"함을 느낀다. 이처럼 길상사에서 수연산방에 이르는 성북동 고택 북촌 산책길에서 "이 질곡의 역사를 지나며 근대화/ 한 초석을 놓았던 선각자들의/ 집터마저 사라진 이 길이/ 통한의 길 되어 마음이 아리다/ 육백 년을 보낸 장엄한 백송의/ 범접하기 힘든 위용 앞에서 지금도/ 초라한 식민지고 쌈박질만 해대는/ 망국의 시대에 다시 서 있는 것 같아"(「북촌北村 길 걸으며」) 서러워하며 동시에 시대정신을 보여준다. 시인의 이 시대정신은 임진강에서 "만나지 못한 사연 둥둥 떠가는,/ 철책 부숴 북으로 남으로/ 가는 이야기는 언제나 들릴지"(「임진강 연가」) 안타까움으로, 백두산을 오르내리면서는 "백두산 북파 천지는 운무에 잠겨/ 장군봉 아래 격동된 마음들 가득하여라/ 대국의 침탈로 빼

앗긴 땅/ 고구려의 역사 살아 숨 쉬는 요동반도를 횡단하는/ 끝없이 펼쳐지는 대평원의 서사/ 선인들이 꿈의 나래를 펴고 웅비한 땅인데/ 강냉이밭으로 뒤덮인 땅이/ 아쉬워서"(「백두산 연가」) 한스러움으로 각각 드러낸다.

4.

김용갑 시인은 계절이 바뀔 때마다 시적 사유의 끈을 놓지 않는다. 프랑스 나탕사에서 출간한 4권의 문학 용어 사전 중 제2권에 해당하는 상징, 주제 사전에 의하면 신화는 계절을 의인화하는 것을 빠뜨리지 않았으며, 우리의 환상과 더 나아가 우리 행위에서의 용이한 투영에 근거를 마련해주는 문학, 화집, 음악에 계절이 존재하고 있다고 말한다. 즉, 봄의 알레그로에서부터 겨울의 아다지오에 이르기까지, 여기저기 우리의 미래, 죽음과 소생의 내면화가 묘사되어 있다고 본 것이다.

> 세상사 변화무쌍하고 예측불허한지
> 가끔 기적 같은 설렘을 준다
> 生의 갈림길에 대해 생각하게 하고
> 고독해지며 아무도 모르는 세계를 향해
> 흔들리듯 가는 시간
> 우리 집 가게 한 편에 놓여 봄부터 가을까지
> 빨갛게 오가는 사람들 사랑 듬뿍 날리던
> 열정의 꽃 부겐빌리아!
> 지난겨울 혹한 북풍 바람에 얼어

봄이 다 지나도록 새순도 나지 않고
하얗게 말라 죽어가나 서운했다
아내는 버리기 아쉬웠는지
집 밖 담벼락에 놔두고 계란껍데기
화분에 주고 쌀뜨물을 받아 주기도 하며
지극정성 다한 뒤
이제 화분을 정리해야겠다 하던
오월 하순, 아침 살아났다고 환호를 한다
여린 녹색 새순 터지고 있어,
다 버려둔 나무라서 격동되어 보고 또 보느니
생명이란 겉은 죽어도 혼은 최후의 보루까지 사는지
저 꽃나무 다시 살아났는데
인간은 왜 이리 고적하고 연약하기만 한지
육신이 노후 되면 흔적 없이 사라지는
한낱 슬픈 존재
꼭짓점을 향한 우리 부부에게 부겐빌리아가
격정주니 삶은 살만하다고 사랑하라 한다
―「부겐빌리아 부활」 전문

봄은 소생, 부활, 쇄신의 계절이다. 시인이 길렀던 부겐빌리아Bougainvillea가 그것을 증명한다. 진홍색 포엽으로 열정적인 이 꽃의 꽃말은 '열정'이다. 시인의 "가게 한 편에 놓여 봄부터 가을까지/ 빨갛게 오가는 사람들 사랑 듬뿍 날리던" 이 꽃이 "지난겨울 혹한 북풍 바람에 얼어/ 봄이 다 지나도록 새순도 나지 않고/ 하얗게 말라 죽어가"는 것처럼 보였다. 시인의 아내는 차마 이대로 버리기

아까워 그래도 소생시킬 마음으로 "계란껍데기"를 가루로 만들어 화분에 뿌려주고 "쌀뜨물을 받아 주기도 하며/ 지극정성"을 다 한다. 그래도 소생하지 않으면 "화분을 정리해야겠다"고 마음 먹던 "오월 하순, 아침 살아 났"음을 보고 "환호를" 한다.

마침내 "여린 녹색 새순"이 터진 것이다. 아내의 지극정성이 헛되지 않아 "저 꽃나무 다시 살아" 난 것을 본 시인은 인간의 생명에 대해, 그리고 "生의 갈림길에 대해" 생각해본다. 인간이란 "육신이 노후 되면 흔적 없이 사라지는/ 한낱 슬픈 존재"임에 비해 저 나무의 생명은 얼마나 위대한가. 이 위대한 나무의 생명력, 부활은 "꼭 짓점을 향한 부부에게" "삶은 살만하다고 사랑하라"가 르쳐주는 것 같다. 한겨울 죽은 듯, 다시 살아날 가망이 전혀 없어 보이던 나무가 "여린 녹색 새순을 터뜨리는" 희열의 폭발로 시인은 감격한다. 부겐빌리아의 소생을 위해 "우주는 봄을 담금질"(「우수 길」)한 것이다.

새로운 희망을 안고
설원에 서 있습니다
지나온 시간들은
너무 많이 날아갔습니다
많은 것이 아쉽게 지나갔고
아픔도 치러내야 했습니다
이제는 홀가분하게
눈밭을 걸을 수 있습니다

지나간 것은 지나간 것으로
놔두는 시간입니다
눈발이 강물에 떠내려가듯
나를 사랑하고 고마워하는
너를 관용하고 이해하는
출발 선상에 다시 서 있습니다
무척 고맙기만 한 生
다 사랑스럽기만 합니다
웃는 듯 함박눈이 내립니다
저리 강물에 내리는 눈은
어디로 떠내려가는 건지.

- 「다시 시작하며」 전문

  겨울이다. "설원에 서"서 가만히 생각해보니 "지나온 시간들은/ 너무 많이 날아갔"고, "많은 것이 아쉽게 지나갔고/ 아픔도 치러내야" 했다. 눈 내린 겨울은 이처럼 조용히 자신의 삶을 성찰하게 하는 계절이다. "설원"은 순결함의 상징이며 순수 그 자체의 빛을 발한다. 그러기에 "지나간 것은 지나간 것으로/ 놔두고", "새로운 희망을 안고" "홀가분하게" 눈밭을 걸을 수 있다.

  물론 겨울이 이처럼 정결함과 순수한 지성만으로 가득찬 계절은 아니다. 지난가을 모진 태풍 때 "도시의 거리에 드러누운 노숙자, 폐지 주워 하루를 사는 할머니"(「가을 태풍」)의 처절함과 생존 문제에 대한 시인의 염려는 이 겨울에도 심화될 수밖에 없다. J. 리쉬펭이 「걸인의 노래」에서 "여기, 가난한 사람들을 못살게 구는 자, 겨울이 온다"라고 외치고 있듯 말이다. 다만, 시인은 지난가을 그 모진 태풍 때처럼 겨울에도 가난하고 힘든 자들을 겨울의 시적 공간으로 불러내지 않았을 뿐이다.

  그 대신 시인은 백색의 설원에 시인 자신을 불러 세워 순수의 지성으로 자신을 성찰한다. "눈발이 강물에 떠내려가듯/ 나를 사랑하고 고마워하는/ 너를 관용하고 이해하는/ 출발 선상에 다시 서" 있는 모습을 상상해보라. 이미 지난 간 것은 지나간 대로 그대로 놔둬야 새로이 출발할 수 있다. 집착하지 않고 얽매이지 않는 시인의 달관은 종심의 나이에 가능한 실존의 한 양식이자 자기동일성이다. 그래 시인은 조용히 말한다. "무척 고맙기만 한 生/ 다 사랑스럽기만 합니다"라고. "종심 언덕을 가파르게 오르는 나날/ 그동안 선물처럼 내게 내린 눈들이"(「화이트 크리스마스」) 오늘 "함박눈"으로 설원과 시인 위로 내리니 분명 김용갑 시인의 칠순과 이 시집 출간을 축하하는 눈꽃이리라.

수서행 기차를 타고

2024년 9월 5일 인쇄
2024년 9월 10일 발행

지은이 김용갑

펴낸이 강경호 편집장 강나루 디자인 정찬애
펴낸곳 도서출판 시와사람
등록 1994년 6월 10일 제 05-01-0155호
주소 광주시 동구 양림로119번길 21-1(학동)
전화 (062)224-5319   E-mail jcapoet@hanmail.net

ISBN 978-89-5665-736-3   03810

값 12,000원

＊잘못된 책은 구입하신 서점에서 바꾸어 드립니다.
＊지은이와의 협의로 인지를 붙이지 않습니다.

이 도서의 국립중앙도서관 출판예정도서목록(CIP)은
서지정보유통지원시스템 홈페이지(http://seoji.nl.go.kr)와
국가자료종합목록 구축시스템(http://kolis-net.nl.go.kr)에서
이용하실 수 있습니다.